बस यूँ ही अनायास

संजेश कुमार

प्रभाकर प्रकाशन

ISBN: 978-93-56822-31-3
eISBN: 978-93-56822-30-6

© लेखकाधीन

प्रकाशक: प्रभाकर प्रकाशन
प्लॉट नं.-55, मेन मदर डेयरी रोड
पांडव नगर, ईस्ट दिल्ली-110092
फोन: 011-40395855

ई-मेल: sales@pharosbooks.in
वेबसाइट: www.prabhakarprakashan.com

आवरण चित्र: अंशु कुमार चौधरी

प्रथम संस्करण: 2024

मुद्रक: सुषमा बुक बाइंडिंग हाउस, ओखला इंडस्ट्रियल
एरिया फेस-II, नई दिल्ली-110020

बस यूँ ही-अनायास
संजेश कुमार

बस यूँ ही
अनायास

भूमिका

Poetry is Articulate Music—Dryden

कविता अपने ख़यालात, अपनी भावनाओं को पेश करने का एक बेहद खूबसूरत जरिया है। आदिकाल, भक्तिकाल या यूँ कहें सन् 1900 तक, कविता में छंद और अलंकारों को बहुत ज़रूरी माना जाता था, लेकिन आधुनिक काल में कविताएँ छंद और अलंकारों से मुक्त हो गईं। कविताओं में छंदों और अलंकारों की अनिवार्यता खत्म हो गई और नई कविता का दौर शुरू हुआ। दरअसल, कविता में, भाव तत्त्व की प्रधानता होती है। रस को कविता की आत्मा माना जाता है। कविता के अवयवों में आज भी इसकी जगह सबसे अहम है।

आज मुक्त छंद की कविताओं की नदियाँ बह रही हैं। मुक्त छंद की कविताओं में पद की ज़रूरत नहीं होती, सिर्फ एक भाव प्रधान तत्व रहता है। आज की कविता में मन में हिलोरें लेने वाले जज़्बात, उसके जेहन में उठने वाले ख़याल और अनुभव प्रभावी हो गए और छंद लुप्त हो गए। मगर इन कविताओं में एक लय होती है, भावों की लय, जो पाठक को इनसे बाँधे रखती है। संजेश कुमार की ऐसी ही कविताओं का यह संग्रह है—'बस यूँ ही—अनायास'।

'बस यूँ ही—अनायास' संजेश कुमार जी द्वारा यूँ ही नहीं लिखवा गया है, बल्कि इस संग्रह में उनकी कविता के प्रति गहरी समझ दिखती है। कवि ने तत्कालीन परिवेश का चित्रण करते हुए, समकालीन गहन विषयों पर अनोखे ढंग से विचार प्रस्तुत किये हैं। संकलन स्वयं में एक विस्तृत दृष्टिकोण धारण करते हुए काव्य को अधिक रोचक बनाता है। संजेश जी ने सामाजिक-राजनीतिक क्षेत्र के साथ-साथ मनोरंजन के पहलुओं पर भी लिखते हुए, जीवन के अद्भुत रंगों को दिखाने का एक उत्तम प्रयास किया है। कवि ने अपने कलात्मक पहलू का पूर्ण दोहन करते हुए कविताओं की रचना की है, जो अनोखे काव्य संकलन के रूप में सामने आया है।

संजेश कुमार जी बैंकिंग क्षेत्र में एक अग्रणी निजी बैंक में कार्यरत हैं। इनका व्यवसायिक ऋण सम्बन्धित विषयों में दो दशकों से भी ज्यादा का अनुभव है। अपने कार्य अनुभव के साथ-साथ उन्होंने सभी वर्गों के लोगों को काव्यसंग्रह में समाहित किया हुआ है, यह संकलन किसी वर्ग विशेष को अधिक महत्त्वपूर्ण नहीं दर्शाता है, सभी वर्गों की महत्ता पर भली-भाँति प्रकाश डालता है। कविताओं के मर्म को समझते हुए आप कवि के व्यापक दृष्टिकोण और अद्भुत काव्य कला का आनंद ले सकते हैं। कविताओं का पूर्ण आनंद लेने के लिए उनके मार्मिक और हास्य दोनों पहलुओं का सही ढंग से रसास्वादन करना होगा।

"जीवन चक्र", "जीवन", "जीवन की परिभाषा", "जीवन की राह", "ज़िन्दगी" शीर्षक से संग्रह में मौजूद कविता हमें उनके जीवन के प्रति गहन चिंतन को दर्शाती है, और जब यह चिंतन उनके आत्मअनुभवों को अपने अन्दर समेटती है तो कुछ ऐसी पंक्तियाँ उनकी रचनाओं में देखने को मिलती हैं—

> "...सफलता की ये सीढ़ी
> क्या उसने तिकड़म से जोड़ी
> नैतिकता छोड़, बना अंधा है
> शव ढो रहा, हर धंधा है..."

संजेश जी ने भावनात्मक पहलू का भी सुंदर चित्रण किया है, चाहे वो भावनात्मक पहलू किसी से भी जुड़ा हो उन्होंने सभी रिश्तों को एक शीर्षक दिया है—"माँ", "पिता", "हमजोली", "अर्धांगिनी", "प्यारी दादी", "गुरु और शिष्य" यहाँ तक की उन्होंने खुद को भी एक शीर्षक दिया "खुद से मुलाकात" के नाम से—

> "हाँ वो पिता हैं
> पीते हैं वो कुचले हुए अरमानों का घूँट
> पहनते हैं वो टूटे हुए सपनों का हार
> ओढ़ते हैं वो ख़्वाबों की फटी हुई चादर
> चलते हैं वो डगमगाए हुए जीवन की राह
> हाँ वो पिता हैं..."

'इश्क का पारा' कविता प्रेम के शुरुआती दिनों में चल रहे परिवर्तन को दर्शाती है, कि कैसे शुरुआती प्रेम मंत्रमुग्ध कर देता है—

"तू तो लगे है छैल छबीली

बातें तो तेरी गजब रसीली

रब ने है तुम्हें खुद से सँवारा रे..."

कविता 'अर्धांगिनी' इस बात की पुष्टि करती हुई नज़र आती है कि कवि ने प्रेम सिर्फ प्रेमिका तक सीमित न रखकर उसे वैवाहिक जीवन में रोमांचित तरीके से उतारने का प्रयास किया है—

"...कहने को अर्धांगिनी है वो

वाकई में सर्वांगिनी है वो..."

प्रेम के प्रत्येक पहलू को लेखक ने रोचक तरीके से दर्शाया है, प्रेम में आने वाली बाधाओं को भी उचित ढंग से प्रस्तुत किया है। जीवन के कई पहलुओं पर भी कवि ने प्रकाश डाला है। जीवन के अलग-अलग रंगों को कविता में पिरोने का अच्छा प्रयत्न कवि द्वारा किया गया है—

"एक खत्म होने को है और दूसरा प्रारंभ

जीवन का यही उसूल है, नहीं रहता कोई दंभ

शरीर तो रहता नहीं, रह जाते बस सम्बन्ध"

प्रत्येक विषय को सम्मिलित करते हुए एक ऐसी काव्यधारा लेखक द्वारा विकसित की गई है, जो पाठक को काव्य के अलहदा क्षेत्र में ले जाती है। इस संग्रह में दोस्ती विषय पर भी अद्भुत कविताएँ हैं, दोस्ती, भाईचारे जैसी भावनाओं को कवि ने अलग ही आयामों पर पहुँचाया है। "बचपन" शीर्षक से लिखी गई कविता के माध्यम से कवि एक अलग कल्पनायुग बनाते हुए प्रतीत होते हैं—

"...ममता की छाँव में, वो ललन देखता हूँ

न छल है, न कपट है, वो निर्मल,

वो निश्छल, मैं मन देखता हूँ

मैं अपने बेटे में, अपना बचपन देखता हूँ..."

कवि ने बुद्ध के ज्ञान की खोज, वास्तविकता से परिचय तथा ज्ञान की प्राप्ति के सभी पहलुओं को अच्छे से दर्शाया है—

"...बुद्ध के सारे परम है उपदेश

जन्म, मृत्यु, रोग और इच्छा

ये तो हैं अब दुःख के कारण

तृष्णा पर नियंत्रण से होगा निवारण..."

बदलते वक़्त के करवट का सूक्ष्मता से विश्लेषण करके उन्हें शब्दों में पिरोया है, वक़्त की महत्ता को बरकरार रखते हुये कवि ने "वक़्त" कविता को जीवंत बना दिया है—

"...वक़्त से सख़्त बदले

वक़्त से वक़्त बदले

वक़्त आयाम बदले

वक़्त परिणाम बदले..."

लेखक ने प्रकृति सम्बन्धित कविताएँ भी लिखी हैं जैसे, "पहाड़", "सूरज", "तितली", "चाँद", "सर्दी", "मौसम", "प्रकृति से तालमेल" जिनमें उन्होंने प्रकृति का मनोहारी चित्रण, सौन्दर्य की व्याख्या करते हुए प्रकृति के सभी गुणों को अपनी रचनाओं में सम्मिलित किया है—

"...नदियाँ, पर्वत और ये झरने

प्रकृति लगी है सजने सँवरने

ये नदियाँ, ये पर्वत और ये झरने

क्योंकर लगे हैं अब ये उजड़ने..."

कवि ने "गाँव की एक शाम" कविता में गाँव का सुन्दर चित्रण किया है, वहाँ की मिट्टी, खेत, नहर, नदियाँ एवं संस्कृति को रचनात्मक ढंग से अपनी कविता में उकेरा है—

"गाँव की वो शाम कहाँ गई

पीपल की वो छाँव कहाँ गई

बैठ कर चौपाल पर

लगाते थे जो दाँव कहाँ गई..."

समकालीन परिस्थिति को ध्यान में रखते हुए उन्होंने राजनीति पर भी व्यंग्य किया है. राजनीतिक पार्टियों से लेकर संसद सभी उनकी लेखनी से सम्बद्ध रखते हैं। राजनीति पर लिखी गयी कविताएँ, संग्रह में रोचकता लाती है—

"...सपने दिखा गया था, आम आदमी
एक आशा जगा गया था, आम आदमी
लगाते रहे हम घर में झाड़ू
वो सपनों पर फिरा गया आम आदमी..."

"मज़दूर" और "मज़दूर और मजबूरी" विषय काव्य संग्रह में लेखक की गंभीरता को प्रस्तुत करते हैं, किस प्रकार निम्न वर्ग के लोग गरीबी, भ्रष्टाचार एवं आधुनिक क्रांति से ग्रस्त हैं—

"...एक नई फसल उगाऊँ
उम्मीदों के आँगन सींचूँ
सपनों के आसमान को भींचूँ
चाहे कितनी विपदा आए
स्वाभिमान को कभी ना बेंचूँ
मज़दूर हूँ, मजबूर नहीं हूँ
स्वाभिमानी हूँ, मगरुर नहीं हूँ"

कवि ने महिलाओं के त्याग, स्वाभिमान तथा सशक्तिकरण को विस्तृत रूप से वर्णित करने का प्रयास किया है।

यह जीवन के हर भाग को दर्शाता हुआ काव्य-संग्रह है। यह काव्य-संग्रह एक पूर्ण अनुभव प्रदान करने का प्रयास है। इसके माध्यम से कवि संजेश कुमार जी ने लगभग सभी विषयों को सम्मिलित कर एक पूर्ण अनुभव विकसित करने की एक सफल कोशिश की है। यह संकलन सभी भावों, विषयों से होकर गुजरता है तथा पाठक को भी एक पूर्ण दृष्टिकोण प्रदान करने का प्रयास करता है। जहाँ तक है, कवि अपने प्रयत्न में सफल होते हुए भी नजर आते हैं। संजेश जी अपनी बहुउद्देशीय सोच से संग्रह को अधिक रोचक तथा मूल्यवान बनाने में कामयाब होते हुए दिखाई देते हैं।

—अंशु कुमार चौधरी

अनुक्रम

समय

समय-समय की बात तो देखो
समय-समय की चाल तो देखो
मैं भी देख रहा विस्मय से
कि, समय चल रहा है समय से
समय का पहिया बहुत बड़ा है
लेकिन नहीं ये शिथिल खड़ा है
समय की झंझावात तो देखो
समय से हुई मुलाक़ात तो देखो
गोद का लल्ला बड़ा हो गया
क़दम से क़दम मिलाने को
समक्ष मेरे वो खड़ा हो गया
छोटी सी वो गुड़िया रानी
रुनझुन पायल की वो कहानी
हो गई अब बहुत सयानी
बन गई महलों की रानी
समय-समय की बात तो देखो
समय-समय की चाल तो देखो
मैं भी देख रहा विस्मय से
कि, समय चल रहा है समय से
श्रीमती जी का सोमवार वही है
उनका मंगलवार वही है
और उनका वो प्यार वही है

नए जोश से मिलने को
अब भी बेकरार वही है
पायल की झनकार वही है
नयनों के तीखे वार वही हैं
मीठी सी तकरार वही है
इकरार वाला इनकार वही है
बाल सफ़ेद हुए तो क्या है
मन में अब भी प्यार वही है
समय-समय की बात तो देखो
समय-समय की चाल तो देखो
मैं भी देख रहा विस्मय से
कि, समय चल रहा है समय से
मुड़कर जब बॉस को देखा
और उसके धौंस को देखा
उसके अविरल जोश को देखा
साप्ताहिक लेख का वो जादू
दुगुनी ऊर्जा, याद दिला दूँ
उसने है सब में भर डाला
गजब करिश्मा है कर डाला
दही भात का नहीं सानी
याद दिला दे सबको नानी
दिल का भी वो साफ बहुत है
करता सबको माफ बहुत है
ऊपर चढ़ता ग्राफ बहुत है

समय-समय की बात तो देखो
समय-समय की चाल तो देखो
मैं भी देख रहा विस्मय से
कि, समय चल रहा है समय से

आओ बात करें मित्रों की
उनसे जुड़े सभी चित्रों की
दिलों पर राज करें हैं अबतक
और कभी होती है बकझक
राजा रंक का भेद नहीं है
स्थाई मतभेद नहीं है
रूठ जाऊँ तो मुझे मनाए
और कभी नखरे भी दिखाए
बैचलर युग की वो पार्टी
सतरंगी सपने भी सजाए
नटखट सी वो टाँग खिंचाई
अब कहाँ होती है भाई
चाहे जैसी भी हो मज़बूरी
सिर्फ़ एक कॉल की है दूरी
समय-समय की बात तो देखो
समय-समय की चाल तो देखो
मैं भी देख रहा विस्मय से
कि समय चल रहा है समय से।

बदलाव

हम ही जाने हाल हमारा
बदल गया है जीवन सारा
बदला है धरती का पारा
बदला है जीवन का नारा
बदली अब है सोच हमारी
और ये है जनहित में जारी
रोटी बदली टैको हो गई
खाना, पिज़्ज़ा-बर्गर हो गई
दाल की जगह सूप आ गई
घी की जगह अब मेयो खाएँ
फूल कर दही बड़े हो गए
जीवन में संकट भी खड़े हो गए
हम ही जाने हाल हमारा
बदल गया है जीवन सारा
बच्चे अब कॉन्वेंट हो गए
माता पिता स्टूडेंट हो गए
पढ़ाई कम और शू शा ज़्यादा
कहाँ है अच्छी शिक्षा का वादा
भौतिकता का पाठ है सीखा
नैतिकता का सबक खो गए
व्यसन तो सारे मुफ्त में सीखे
व्यावहारिकता तो कहीं ना दिखे

आज कल तो लगे हैं ऐसा
पढ़ाई कम है और ज़्यादा पैसा
स्कूल नहीं दुकान हो गई
अकड़ से सीना तान हो गई
बदल गया है जीवन सारा
हम ही जाने हाल हमारा
कॉलेज से नॉलेज गायब है
ये भी तो अलग अजायब है
शिक्षा कम और फ़ैशन ज़्यादा
मेरिट लिस्ट में है कोटा आधा
जैसे-तैसे तो डिग्री ले ली
किस-किस से बेफ़िक्री ले ली
डटकर करूँ चौकीदारी
ये कैसी आई लाचारी
जीवन यापन के पड़े हैं लाले
भविष्य पर जैसे लगे हैं ताले
चमक-दमक पल भर में खो गई
सोना पल में पीतल हो गई
हम ही जाने हाल हमारा
बदल गया है जीवन सारा
जाने कहाँ और कब हो गया
लगता है मुझे अब लव हो गया
जब आई शादी की बारी
पैरों तले ज़मीन खिसकी सारी
ख़ुद के खाने को पड़े हैं लाले
बाकी तो फिर कैसे सँभाले
रिलेशनशिप में ब्रेक हो गया
जीवन का अलग ट्रैक हो गया
हम ही जाने हाल हमारा

बदल गया है जीवन सारा
शौक रखते थे, अब शॉक हो गए
हसमुख थे, अब रॉक हो गए
माता-पिता ने फिर से बोला
अब पहनो गृहस्थी का चोला
बीवी एक और बच्चे तीन हैं
तंगी की बज रही बीन है
सीमित आय, असीमित सपने
कैसे करूँ इनको अब अपने
समय पर गर, सँभले जो होते
अब काहे को, हम फिर रोते
बीवी की आँखें हैं प्यारी
पर उसमें भी दिखे लाचारी
मुँह से वो कुछ नहीं बोले
भावनाएँ छिपा चुपके से रो ले
हम ही जाने हाल हमारा
बदल गया है जीवन सारा
बच्चे तो हैं फिर से बोले
खाएँगे हम कुलचे छोले
फटी जेब भी अब ये बोले
भाई तूँ फफक कर रो ले
जैसे-तैसे उनको समझाया
पर ख़ुद को मैं रोक ना पाया
बेवजह गुस्सा है फूटा
बच्चों का जो सपना टूटा
काश मुझे लॉटरी लग जाय
ज़िंदगी में बैटरी लग जाए
हम ही जाने हाल हमारा
बदल गया है जीवन सारा

बच्चों ने तो आश ना छोड़ा
और हमारा साथ ना छोड़ा
पढ़े लिखें ख़ूब जोश लगाकर
और फिर बन गए हैं अफ़सर
मात-पिता का साथ ना छोड़ा
रिश्तों को नए सिरे से जोड़ा
जीवन चक्र अब बदला है भाई
बहुत सारी खुशियाँ है आई
पिता से बन गया अब दादू
बच्चे तो अब करें हैं जादू
बुढ़ापे का ये जीवन मेरा
बचपने ने हैं फिर से घेरा
बच्चों संग बच्चा बन जाऊँ
सबके लिए अच्छा बन जाऊँ
नया-नया लगे ये रिश्ता
परिवार लगे जैसे फ़रिश्ता
हम ही जाने हाल हमारा
बदल गया है जीवन सारा।

माँ

माँ जब कभी भी तेरी याद आती
मैं लिखता था यादों की पाती
जब कभी भी हताश हो जाऊँ
या कभी मैं निराश हो जाऊँ
तूँ ही तो थी हौसला बढ़ाती
माँ जब कभी भी तेरी याद आती
लिखता था मैं यादों की पाती
जब कुछ उथला-उथला सा लगे
और कभी धुँधला सा दिखे
तूँ ही तो मुझे राह दिखाती
जैसे कोई संगी साथी
माँ जब कभी भी तेरी याद आती
मैं लिखता था यादों की पाती
तूने तो मेरी सृष्टि की है
और मुझे दृष्टि भी दी है
थक जाऊँ कभी तो
तूँ आँचल की छाँव में सुलाती
माँ जब कभी भी तेरी याद आती
मैं लिखता था यादों की पाती
ममता की तेरी शीतल छाया
मैं कभी भुला ना पाया
और वो तेरा समर्पण

मैं अपने संग हूँ लाया
अकारण कभी देर हुई तो
तुझे मेरी चिंता थी सताती
माँ जब कभी भी तेरी याद आती
मैं लिखता था यादों की पाती

ऊँच-नीच का भाव न समझा
और समय का मोल भी जाना
अच्छी सी शिक्षा है ज़रूरी
जीवन है अनमोल भी जाना
धैर्य और संवाद ज़रूरी है
सँभालने को रिश्तों का ताना-बाना
माँ जब कभी भी तेरी याद आती
मैं लिखता था यादों की पाती

सीने पर पत्थर रख तूने
मुझको है हीरा बनाया
मेरा पेट भरने को तूने
कई बार खाना नहीं खाया
जब कहीं मैं उलझ गया तो
गुत्थी तुम ही सुलझाती
और पिताजी हुए गुस्सा तो
तुम हमारी ओट बन जाती
माँ जब कभी भी तेरी याद आती
मैं लिखता था यादों की पाती

चाहे बात करे नित दिन की
या फिर बात करें विशिष्ट की
आदर्शों पर चलने को
तुमसे नित दिन सीखा हमने
और विशिष्ट होने की ख़ातिर
शिष्ट होना भी सीखा हमने

प्रखर होना तो सीखा हमने
और गौण होना भी सीखा हमने
कभी वाचाल हुए तो कभी
मौन होना भी सीखा हमने
और कभी जब हुई लड़ाई
तो तुम्हीं थी हमें बचाती
माँ जब कभी भी तेरी याद आती
मैं लिखता था यादों की पाती
स्वभाव से तुम सरल बहुत थी
पर सख़्त भी देखी हमने
कितनी कठिनाइयों से तुम गुजरी
वो वक़्त भी देखा हमने
तुममें सीता को देखा हमने
पर कभी काली हो जाती
कष्टों को सदा परे रख
तुम थी सदा मुस्कराती
माँ जब कभी भी तेरी याद आती
मैं लिखता था यादों की पाती
काम तेरे थे भगवान वाले
फिर तू इंसान क्यों कहलाती
माँ जब कभी भी तेरी याद आती
मैं लिखता यादों की पाती।

संकल्प

बहुत कहा है, बहुत सुना है
अच्छा सा अब समाँ बँधा है
रणभेरी अब बज चुकी है
युद्ध भी प्रारंभ हुआ है
एक नई ऊँचाई पाने को
ये अच्छा आरंभ हुआ है
बहुत ज़रूरी तालमेल है
नहीं करना कोई घालमेल है
कंधे से कंधा है मिलाना
चुनौतियों से है क्यों घबराना
मैं हूँ, तुम भी हो
हम हैं, सब हैं
फिर काहे का कोई ग़म है
क़दम-क़दम का ताल करेंगे
हर कठिनाई पार करेंगे
अमृत को पाने की ख़ातिर
विष का भी हम पान करेंगे
दृष्टि की सृष्टि करनी है
आयोजन भी विशाल हुआ है
हर दिशा में क़दम बढ़ेंगे
और हम लक्ष्य भी साधेंगे
ऐसा हमने ठान लिया है

बहुत कहा है, बहुत सुना है
अच्छा सा अब समाँ बंधा है
नीति होगी, कार्य भी होगा
आलस तो स्वीकार ना होगा
छोटे-छोटे लक्ष्य बनेंगे
और बहुत स्वच्छ बनेंगे
अच्छे से छाटेंगे इनको
और फिर बाटेंगे इनको
तय समय पर इस इच्छा की
कड़ी समीक्षा होगी
चुनौती स्वीकार हुई है
और हौसला अफजाई है
हर हाल में विजय पाने की
कसम तो हमने खाई है
सबको तो हम साथ में लेंगे
और विश्वास में लेंगे
ना तो हम हताश हुए है
और नहीं निराश करेंगे
बहुत सुना है, बहुत कहा है
अच्छा सा अब समाँ बंधा है
रणभेरी अब बज चुकी है
युद्ध भी प्रारंभ हुआ है

मज़दूर

मज़दूर हूँ, मजबूर नहीं हूँ
स्वाभिमानी हूँ, मगरुर नहीं हूँ
धरती हो या हो गगन
मेहनत का लगा चंदन
पत्थर तो कितने हैं तोड़े
उम्मीदों की राह न छोड़े
हाथ में छाले, पैर बिवाई
शारीरिक कीमत है चुकाई
फिर भी श्रम से नहीं है दूरी
मिट्टी का मैं तिलक लगाऊँ
और श्रम के गीत भी गाऊँ
ख़ुद को मिले दो जून की रोटी
और आपके लिए भी उपजाऊँ
महलों का तो शौक नहीं है
पर सपनों पर रोक नहीं है
बच्चों के उज्ज्वल भविष्य को
हर व्यवस्था की है ज़रूरी
पढ़ लिख कर वो बड़े हो गए
कोई अभियंता, कोई प्रशासक हो गए
सीना भी अब चौड़ा हो गया
फिर भी खेतों में ही जाऊँ
एक नई फसल उगाऊँ

उम्मीदों के आँगन सींचू
सपनों के आसमान को भींचू
चाहे कितनी विपदा आए
स्वाभिमान को कभी ना बेचूँ
मज़दूर हूँ, मज़बूर नहीं हूँ
स्वाभिमानी हूँ, मगरूर नहीं हूँ

गाँव

बिल्डिंग बड़ी हो रही हैं, और घर हो रहे छोटे
भावनाएँ तो बहुत बड़ी बड़ी, पर रिश्ते हो गए हैं छोटे
हम ख़ुद में इतने मशगूल हो गए, जैसे बाकी सब सिक्के खोटे
आधुनिकता की माया है ये, क्षणिक खुशियों को पाया है ये
ख़ुद को है भगवान समझता, हकीकत में उड़ गए तोते
बिल्डिंग बड़ी हो रही है, और घर हो रहे छोटे
ऑनलाइन, पापा से मीटिंग, ऑनलाइन भैया से चैटिंग
ऑनलाइन बहना से खिटपिट
ऑनलाइन ही अब तो, माशूका से भी मिल रहे होते
रिश्तों में अब वो बात रही नहीं, सच्चे रिश्ते अब खा रहे गोते
बिल्डिंग अब बड़ी हो रही, और घर हो रहे छोटे
गाँव की वो सुबह सुहानी, कल-कल बहता नदियों का पानी
मस्ती में पाठशाला जाना, और खेतों में फसल उगाना
दादी की वो अमर कहानी, कहाँ गई परियों की रानी
दादा जी का लठ्ठ सहारा, बिस्कुट खाने का हठ हमारा
अब सब ये सपनों में होते,
बिल्डिंग अब बड़ी हो रहीं, और घर हो रहे छोटे
मात-पिता से दूर हो गए, सपने सारे चूर-चूर हो गए
बहना की वो हँसी ठिठोली, शब्दों में जैसे मिश्री घोली
पकवानों से भरी हुई थाली, अब तो रह गई है खाली
चाचू की वो कान कनैठी, अब तो सिर्फ़ यादों में बैठी
रात गुजर रही रोते-रोते

बिल्डिंग तो अब बड़ी हो गईं, और घर हो गए छोटे
कार नहीं संस्कार चाहिए, पैसा नहीं अब प्यार चाहिए
मॉल नहीं त्योहार चाहिए, ना एहसान ना उपकार चाहिए
मदद को बढ़े सदा वो, क़दम हज़ार चाहिए
खुशियों से भरी इक दुनिया हो, खिला-खिला सा यार चाहिए
बची हुई रिश्तों की पूँजी, कब तक रहे डुबोते
बिल्डिंग तो अब बड़ी हो गईं, और घर हो गए छोटे।

चलो

ज़िंदगी के रास्ते
नहीं बदलते किसी के वास्ते
तुम ख़ुद को बदल सको, तो चलो
तुम नई कहानी लिख सको, तो चलो
मिलेंगे सूखे दरख़्त तुम्हें
वक़्त भी लगेगा सख़्त तुम्हें
सपना सा लगे, ताज-ओ-तख़्त तुम्हें
फिर भी एक ख़ालिश है, तो चलो
ज़िंदगी के रास्ते
नहीं बदलते किसी के वास्ते
तुम ख़ुद को बदल सको, तो चलो
तुम नई कहानी लिख सको, तो चलो
हुनर तो है, जिगर भी चाहिए
डगर तो है, क़दम भी चाहिए
सफ़र तो है, हमसफ़र भी चाहिए
गर किसी के हमसफ़र बन सको, तो चलो
तुम नई कहानी लिख सको, तो चलो
सुभाष सा बन सको, तो चलो
भगत सा तन सको, तो चलो
पटेल सा कर्मठ बनो, तो चलो
राजेंद्र सी यादों को सजो, तो चलो
एक नया स्वयं बन सको, तो चलो

ज़िंदगी के रास्ते,
नहीं बदलते किसी के वास्ते
तुम ख़ुद को बदल सको तो चलो
तुम नई कहानी लिख सको, तो चलो
आदि से अनंत हो सको, तो चलो
पतझड़ से वसंत हो सको, तो चलो
ज़िंदगी की नई उमंग हो सको, तो चलो
परिवर्तन की नई तरंग हो सको, तो चलो
उपमा से अलंकार हो सको, तो चलो
एक नई हुँकार भर सको, तो चलो
एक नई झनकार बन सको, तो चलो
एक नया किरदार कर सको, तो चलो
ज़िंदगी के रास्ते

नहीं बदलते किसी के वास्ते
तुम ख़ुद को बदल सको, तो चलो
एक नई कहानी लिख सको, तो चलो
जीवन की नई रवानी को
अधरों पर सजा सको, तो चलो
सर पर सजा सको, तो चलो।

साहस

सूरज ने पूछा, दुनिया से
मेरा काम करेगा कौन
बोल गई छोटी सी बाती
मैं करूँगी पूरी कोशिश
बाकी सब, रह गए हैं मौन
सूरज ने पूछा बाती से
है तू इतनी छोटी सी
बात करे है मोटी सी
विशाल सा ये प्रश्न खड़ा है
जग तो ये बहुत बड़ा है
बाती बोली सूरज से
कोशिश जारी है हमारी
कोशिश पर दुनिया बलिहारी
बूँद–बूँद से घड़ा भरा है
फिर जग क्यों, विशाल बड़ा है
कई लोग सूरज से बहुत बड़े हैं
फिर भी वो बगल खड़े हैं
समझना है ये बात ज़रूरी
किससे किसकी कितनी दूरी
हमारी ये सच्चाई है
हमने लगन लगाई है
एक दूजे का साथ ना छोड़ें

अँधेरे से मुँह ना मोड़ें
मिल-जुल कर बनाएँ पंक्ति
और उससे मिल जाए शक्ति
इससे निकला रूप विशाल है
फिर अँधेरे की क्या मजाल है
फिर अँधेरे की क्या मजाल है।

बचपन

मैं बेटे में अपने, अपना बचपन देखता हूँ
वो मस्ती, शरारत, भोलापन देखता हूँ
ना चिंता, ना फ़िक्र, ना कोई उम्मीद
ना माथे पर कोई, शिकन देखता हूँ
मैं बेटे में अपने, अपना बचपन देखता हूँ
गिरता है, उठता है, उठता है फिर गिरता है
आगे बढ़ने की फिर से वो लगन देखता हूँ
जिस बाग में खिला है, ये प्यारा सा फूल
खुशी से मैं, वो उपवन देखता हूँ
प्यार से सींचा, तमन्नाओं से सँवारा
खिलता हुआ मैं, वो चमन देखता हूँ
मैं बेटे में अपने, अपना बचपन देखता हूँ
है दूर वो मुझसे, पर दूर भी नहीं है
ममता की छाँव में, वो ललन देखता हूँ
न छल है, न कपट है, वो निर्मल,
वो निश्छल, मैं मन देखता हूँ,
मैं बेटे में अपने, अपना बचपन देखता हूँ
ख़ुद से वर्जिश, ख़ुद से ही यारी
ख़ुद में मशगूल मैं, ये दुनिया हमारी
किलकारियाँ मारते हुए, वो तन देखता हूँ
मैं बेटे में अपने, अपना बचपन देखता हूँ।

वक़्त

वक़्त बेरहम भी है
वक़्त मरहम भी है
वक़्त सरगम भी है
वक़्त परचम भी है
वक़्त शबनम भी है
वक़्त हमदम भी है
वक़्त अरमान है तो
वक़्त पहचान है
वक़्त सुकून भी है
वक़्त आँधी भी है
वक़्त हाथी भी है
वक़्त साथी भी है
वक़्त के साथ बदले
वक़्त से हालात बदले
वक़्त से सख़्त बदले
वक़्त से वक़्त बदले
वक़्त आयाम बदले
वक़्त परिणाम बदले।

यात्रा

यात्रा के सुखद अनुभव में
प्रकृति के आँगन में
हम कुछ पल जी आए
जीवन रस पी आए
सुबह-सुबह की खिली धूप वो
दौड़ कर मिली स्फूर्ति जो
बीवी के चेहरे पे हँसी वो
बच्चों की आँखों में चमक वो
तरणताल के पानी में
और करतब तूफानी वो
भाँति-भाँति के नाश्ते में
और घूमने के रास्ते में
गहरी झील संग नाव वो
आकाश में छाई घटा वो
और मनोहर सी छटा वो
साथ बर्फ़ के गोले वो
मन में ले रहे हिलोरे वो
मंदिर का पावन आँगन वो
और ईश्वर का वंदन वो
संध्या प्रहर का खेल वो
और नए मित्रों से मेल वो
गाना गाने की रेल वो

धूम मचाने की ठेल वो
क्रीड़ागन में गेंद वो
और पुदीने का पेड़ वो
हम कुछ पल जी आए
जीवन रस पी आए।
रात्रि का भोजन वो
बहुत अच्छा प्रयोजन वो
गहरी नींद के सपने वो
कहाँ खो गए अपने वो
शब्द संजोय पाती वो
लिख गए संघाती वो
खेतों की कर ली सैर वो
स्वादिष्ट से फल वो
खरीदी जो मिठाई वो
तकिए की करी छटाई वो
झूले के संग मौज वो
इतने लोगों की फौज वो
हम कुछ पल जी आए
जीवन रस पी आए।

महिला

हम क्या हैं, तुम क्या जानो
हम क्या हैं, अब तुम पहचानो।
नया युग है, नए हम हैं
तुमको फिर अब क्यों वहम है।
कंधे से कंधा मिला सकती हूँ
विमान भी उड़ा सकती हूँ।
देश की सेवा को सदैव तत्पर और मेडल भी ला सकती हूँ।
परिवार तो सँभाला हमने
व्यवसाय भी सँभाला है।
अर्थ भी सँभाला है हमने
न्याय भी सँभाला है।
हम क्या है तुम क्या जानो
हम क्या है अब तुम पहचानो।
पर्वत शिखर को चढ़ा है हमने
और चंद्रमा को छुआ है।
समाज सेवा भी की है हमने
और नोबेल भी जीता है।
दौड़ें भी जीती है हमने
और मनों को जीता है।
पड़े ज़रूरत तो काली हम हैं
और हम ही सीता हैं।
हम क्या है तुम क्या जानो

हम क्या है अब तुम पहचानो।
कौशलता की हर मापों का
अब तो एक प्रतिमान हैं हम।
मान तो पाया है हमने
देश का अभिमान हैं हम।
ममता की मूरत हम हैं
भगवान सी सूरत हम हैं।
रिश्ते की ताकत हम हैं
विश्व की ज़रूरत हम हैं।
मासूमियत, तो बेटी हम हैं
त्याग, तो माँ हम हैं।
समर्पण, तो पत्नी हम हैं
परवाह, तो बहन हम हैं
नया युग है, नए हम हैं
तुमको फिर अब क्यों वहम है।
हम क्या हैं तुम क्या जानो
हम क्या है तुम अब पहचानो।

पहाड़

पहाड़ों आज तो गाओ,
ज़रा सा और मुस्कराओ।
धरती है उपवन है
छाया तुमपर यौवन है
अपनी विशालता पे इतराओ।
पहाड़ों आज तो गाओ
ज़रा सा और मुस्कराओ।
हवाएँ सरसराती है
और गुनगुनाती है।
आज तुम भी कुछ गाओ
ज़रा सा और मुस्कराओ।
धूप चिलचिलाती है
लेकिन, फसल भी सजाती है
कभी रुलाती तो
कभी हँसाती है।
अब तुम ना गुम जाओ
पहाड़ों आज तो गाओ
ज़रा सा और मुस्कराओ।
वो नदियाँ हैं जो बहती हैं
हर पल कहानी कहती हैं।
अब कहानी तुम भी कह जाओ
ज़रा सा और मुस्कराओ।

ये पेड़ हैं या पौधे हैं
कुछ खड़े तो कुछ औंधे हैं
संघर्ष का वरण किया
जीवन को फिर से नमन किया
तुम भी तो कुछ सिखलाओ
पहाड़ों आज तो गाओ
ज़रा सा और मुस्कराओ।
चट्टान से अडिग हो तुम
अजर और अमर हो तुम
हरा-हरा सा तन तेरा
कभी काला भी हो जाता है
कभी झीलों जैसे शांत हो तुम
कभी गुस्सा भी आ जाता है।
जीवन की यही निशानी है
हर बात की इक कहानी है
अब तुम भी कह जाओ
ज़रा सा और मुस्कराओ
पहाड़ों आज तो गाओ।
कभी श्वेत हो
कभी अश्वेत हो
कभी जागे हुए
तो कभी अचेत हो
कितने गूढ़ रहस्य तुम्हारे
हर किसी को कहाँ पता रे
पानी के झरने हैं तुममें
और बर्फ़ से हुए ढके तुम
पत्थर सी काया है तुम्हारी
और मिट्टी से सने हुए तुम
झील लेटी है चरणों में

और वृक्षों से लदे हुए तुम
सूर्य की तीखी नज़र है तुम पर
और हवाओं से लिपटे हुए तुम
अब तो कुछ बतलाओ
ज़रा सा और मुस्कराओ
पहाड़ों अब तो गुनगुनाओ।

ऊँचाई

टेलीकॉम का टावर, ऊँचाई तो पाता है
पर अकेला ही रह जाता है
जीवन की इस उधेड़बुन में
आगे बढ़ने की निरंतर चाह में
हम भी इस भेड़ चाल में
हम तो इतना आगे निकल गए
कि अब तो अकेले ही रह गए
मैं ऊँचाई को छू गया
पर परिवार को खो दिया
बनावटी दंभ में मैं इतना खो गया
कि ख़ुद का होकर रह गया
कागज़ के फूलों की कृत्रिम खुशबू में खो गया
सामाजिक जीवन का ताना बाना,
जाने क्यों मैंने नहीं पहचाना
जीवन के हर पहलू का,
पैसे को माना पैमाना
जब आन पड़ी कुछ मित्रों की
तो तलाश हुई कुछ चित्रों की
ना चित्र मिले ना मित्र मिले
ना इष्ट मिले ना घनिष्ट मिले
कागज़ के उन फूलों से खुशबू भी विचित्र मिले
अब तो इस ऊँचाई से डर लगता है

जीते हुए भी अब वो हर पल मरता है
अब क्या करूँ, कैसे करूँ,
वापस हो जाए बो जीवन के पल
ऐसा अब मन करता है
टेलिकॉम का टॉवर ऊँचाई तो पाता है
पर अकेला ही रह जाता है।

चाँद

ओ चाँद, अब तू नीचे आ
आ मेरे घर में तू आ
दिल आज ख़ुशनसीब है
की तू मेरे क़रीब है
कहीं और तू, अब मत जा
आ अब तू नीचे आ
आ मेरे घर अब तू आ
मेरे घर में भी हो चाँदनी
दुल्हन सी लगे तू, ए नाजनीन
मैं तो छेड़ूँ अब रागिनी
ओ चाँद अब तू नीचे आ
आ मेरे घर में तू आ
दिल तो बहुत उदास है
कई जख़्म इसके पास है
आ मुझे तू अब बहला
ओ चाँद मेरे घर तो आ
आ अब तो तू भी नीचे आ
अब मुझसे तू भी प्यार कर
कुछ दिल भी बेकरार कर
कुछ तो ऐतबार कर
छोड़ कर तू मुझे न जा
ओ चाँद मेरे घर पर आ
मैंने तो की है वफ़ा

तू क्यों कर रहा जफ़ा
हृदय में बहार ला
प्यार की सौगात ला
ओ चाँद मेरे घर पर आ
बड़ी मिन्नतों से जोड़ा है
तूने फिर क्यों दिल मेरा तोड़ा है
आ, आकर फिर से जोड़ जा
रहमों करम पर न छोड़ जा
आ अब तो तू नीचे आ
दिल में एक खलिश सी क्यों
साँसों में कसक सी क्यों
आँखों में अश्क आने लगे
तुम इतना क्यों सताने लगे
आकर मुझे तू यूँ बता
मुझसे क्या हो गयी खता
ओ चाँद मेरे घर पर आ
अब तो तू नीचे आ
तेरे इश्क़ में दीवाना हूँ
अब भी मैं बेगाना हूँ
महफ़िल में भी वीराना हूँ
किससे पूछूँ मैं तेरा पता
ओ चाँद मेरे घर पर आ
आ अब तो तू नीचे आ
अब तुझसे तो मैं क्या कहूँ
तेरे बिन अब कैसे रहूँ
कैसे जियूँ, कैसे मरूँ
अब मुझको नहीं है पता
तेरे से ही है राबता
तेरे से ही है वास्ता
आ चाँद मेरे घर पर आ
आ अब तो तू नीचे आ।

सखी

ओ रे सखी कैसे कहूँ
पिया तो विदेश गए
बिना कोई संदेश गए
ओ रे सखी मैं कैसे कहूँ
पपीहरा की पी पी सुन
गयी मैं तो जल भून
साजन की याद आए
मुझको तो बड़ा सताए
ओ रे सखी कैसे कहूँ
ओ रे सखी कैसे कहूँ
कैसे मैं धीर धरूँ
नयना भी बोल गए
जियरा भी डोल गए
ओ रे सखी मैं कैसे कहूँ
ओ रे सखी मैं कैसे कहूँ
अश्रु की धार बहे
दिल की सितार बजे
मन की बात मेरी
मैं किससे कहूँ
मैं तो नादान भली
मुझसे क्या भूल भयी
नयन से नीर बहे

जियरा तो अब ना सहे
ओ रे सखी मैं कैसे कहूँ

ओ रे सखी मैं कैसे कहूँ
सावन संग बदरा डोले
और मुझसे बोले
पिया की तू अब होले
मेरी एक बात सुन ले
पिया से मुलाक़ात चुन ले
ओ रे सखी मैं कैसे कहूँ
ओ रे सखी मैं कैसे कहूँ
पिया तू तो आजा अब
बाट जोह रहे हैं सब
मेहँदी और महावर
तुझपर कर दूँ न्योछावर
तू मेरी बात सुन
सुन पायल की रुनझुन
ओ रे सखी मैं कैसे कहूँ
ओ रे सखी मैं कैसे कहूँ।

ममता

कितनी निर्मल है ममता
कितनी निश्छल है ममता
तेरे दुःख अब मेरे दुःख है
तेरा जीवन अब मेरा जीवन है
इतनी अविरल है ममता
इतनी निर्मल है ममता
मेरे आज भी तुम्हीं हो
और कल भी तुम्हीं हो
मेरी जान भी तुम्हीं हो
और मान भी तुम्हीं हो
इतनी विह्वल है ममता
खा ले अगर तू, तो पेट भरे मेरा
तेरी खुशियों में है मेरा बसेरा
मेरे जीवन का तो, तू नया सवेरा
इतनी पावन है ममता
इतनी निर्मल है ममता
दुःख हो चाहे भी कितने
आँसू तो कभी ना निकले
सदा खुश रहे तू
भले मेरे प्राण निकले
नहीं निष्फल है ममता
नदियों सी कलकल है ममता

सागर सी हलचल है ममता
कितनी निश्चल है ममता
कितनी निर्मल है ममता।

गरीब

राजा को इतवार पसंद है
गरीब को इतवार है भारी
राजा तो सपने हैं पाले
और गरीब के पैरों में छाले
राजा खाए गिलोय की गाँठी
और गरीब की किस्मत में लाठी
राजा को तो महल है प्यारा
गरीब की चू रही अटारी
राजा को हकीम पसंद है
गरीब को मरहम है प्यारी
राजा को लगान पसंद है
गरीब को लगान है भारी
राजा को गंगा का पानी
गरीब को कुआँ भी भारी
राजा के घर सेज सजी है
गरीब को मेज़ भी भारी
राजा के घर जले पटाखे
गरीब के घर सिर्फ़ सलाखें
राजा के घर मने है होली
गरीब के घर, सपनों की बोली
राजा खाए खजूर मुनक्का
और गरीब को रोटी भारी

राजा को इतवार पसंद है
और गरीब को इतवार है भारी
राजा की औकात बहुत है
और गरीब की जात भी भारी
महल में रहते लोग बड़े हैं
और गरीब घर मिट्टी के घड़े हैं
और खून पीने की खातिर
गरीब के सर लोग चढ़े हैं
राम रहीम से उसको क्या लेना
उसकी तो इच्छा बस इतनी
सादी खिचड़ी, सख़्त बिछौना
राजा को इतवार पसंद है
गरीब को इतवार है भारी।

समय

ए समय रुक जा ज़रा
कुछ और होने का समय है
बादल के बरसने का समय है
बिजली के गिरने का समय है
प्रेम में प्यासे पथिक को
अब मिलने का समय है
पिया की बाट जोहती प्रिय को
सजने सँवरने का समय है
सिंचित धरा पर एक नई
फसल उगाने का समय है
ए समय रुक जा ज़रा
कुछ और होने का समय है
रावण के मर्दन का समय है
गांडीव के गर्जन का समय है
मृत्यु शैय्या पर लेटे भीष्म का
अब वसीयत का समय है
ज्ञान अर्जन का समय है
ख़ुद के समर्पण का समय है
मतभेद भुला देने का समय है
सद्भाव जगाने का समय है
ए समय रुक जा ज़रा
कुछ और होने का समय है

दो रोटी खाने का समय है
एक कप चाय पिलाने का समय है
दो पल नींद पाने का समय है
दो ख़्वाब सजाने का समय है
पतझड़ को बसंत बनाने का समय है
रिश्तों को जीवंत करने का समय है
बेरंग सी इस ज़िंदगी को
रंगों से भरने का समय है
ए समय रुक जा ज़रा
कुछ और होने का समय है
निराशा संग आशा का
और अभिलाषा का समय है
गलतफ़हमी को रफा दफा कर
अब वफा का समय है
चरित्र नुमाइश का समय है
और पैमाइश का समय है।

शहर

ए शहर तेरे से वास्ता क्या है
किताबें भी पढ़ ली मैंने
दीवारें भी पढ़ ली मैंने
मीनारें भी देख ली मैंने
दिनारे भी गिन ली मैंने
सुबह भी देख ली मैंने
शामें भी गिन ली मैंने
बढ़े आगे जो ज़िंदगी में
शोहरत भी चख ली मैंने
पता नहीं था कि लोग यूँ बदलेंगे
हरकत भी देख ली मैंने
नफ़रत भी देख ली मैंने
ये तो बयार था चला हुआ
ये लहर भी खतरनाक थी
सिर्फ़ मुझे पता है किस तरह
इज़्ज़त भी ढक ली मैंने
फुरकत भी सह ली मैंने
करूँ तो कैसे करूँ भरोसा
जिल्लत भी सह ली मैंने
चाल तेरी थी शतरंज के माफ़िक़
शह तो दे दी तूने
मात भी ले ली मैंने।

सुनो ना

आओ ना बैठो ना
बात तो सुनो
मेरी क्या है, तुम्हारी क्या है
जात तो सुनो
खेलते रहे हर खेल
शतरंज के माफ़िक़
चला है हर दाँव सोच समझ कर
बिछाई कैसी है, बिसात तो सुनो
लुटते रहे हर किसी से हम
लूटते रहे हर किसी को हम
करीब से देखा तो लगा
यहाँ तो हर कोई गरीब है
मेरी क्या है, तुम्हारी क्या है, औकात तो सुनो
आओ ना बैठो ना
बात तो सुनो
सपने तो थे महलों वाले
सुबह सुहानी, शाम रुहानी
महलों के गिर्द दरिया का पानी
छत भी फूटा, दीवार भी टूटी
कैसी आई बरसात तो सुनो
आओ ना बैठो ना
बात तो सुनो

मैं भी तरसा, तुम भी तरसे
सावन बिन पपीहा जैसे
चर्चे तो सारे आम हो रहे
बातों से क़त्लेआम हो रहे
पैसा भी डूबा, इज़्ज़त भी डूबी
ज़िंदगी कैसी लाई सौगात तो सुनो
आओ ना बैठो ना
बात तो सुनो
बहुत खतरा है उसूलों से
दुनिया के रसूलों से
कहा था मत जाना
तुमने पर कहना नहीं माना
इधर के भी ना रहे
उधर के भी ना रहे
ज़िंदगी कैसे हुई बर्बाद तो सुनो
आओ ना बैठो ना
बात तो सुनो
अब भी मेरी बात को समझो
बड़ी हस्तियाँ है ये
इनसे ना उलझो
तुम्हारे ख़्वाबों के ये है मालिक
रंज और तंज भी नहीं है अपना
खानदानी ये दुश्मनी तुम्हारी
कैसे हुई ईजाद तो सुनो
आओ ना बैठो ना
बात तो सुनो
मिले थे रास्ते में वो
कहने लगे इशारों में
रुख़ को तो समझो साहिब

चलते हुए बयारों में
ख़ामख़ाह जल जाओगे
बुझते हुए शरारों में
हर चाल में मिलेगी मात तो सुनो
आओ ना बैठो ना
बात तो सुनो
हमारी क्या है, तुम्हारी क्या है
जात तो सुनो
मंदिर भी गया और पीर भी
आँखों से बहाया था नीर भी
बँधवाया क्यों ताबीज तो सुनो
आओ ना बैठो ना
बात तो सुनो
हमारी क्या है, तुम्हारी क्या है
जात तो सुनो।

ज़रूरत क्या है

ख़ूबसूरत तो बहुत हो तुम
फिर दर्पण दिखलाने की ज़रूरत क्या है
बातों में नशा है इतना
फिर निगाहों से पिलाने की
ज़रूरत क्या है
घायल तो हो गया यूँ ही
फिर नज़रों से नज़रें मिलाने की
ज़रूरत क्या है
नहीं हो तुम तो अँधेरा ही अँधेरा है
फिर जुल्फें बिखराने की
ज़रूरत क्या है
मिले जो तुम तो सबेरा हो गया
फिर छत पर जाने की
ज़रूरत क्या है
छा गई खुशहाली जग में
मिले जो हम-तुम संग में
फिर तुम्हें मुस्कुराने की
ज़रूरत क्या है
नाच रहा मयूर भी है
गा रही है कोयल कु-कू
फिर पायल छनकाने की
ज़रूरत क्या है

हवाएँ भी सरसरा गई हैं
मौसम भी मदमस्त हुआ
फिर घुँघरू बँधवाने की
ज़रूरत क्या है
हम सब अचंभित हो गए
पुष्प भी सुगंधित हो गए
फिर गजरा लगाने की
ज़रूरत क्या है
बातें हैं अब भी अनकही
सर्द सी रातें नहीं रही
मौसम भी अब ऊष्म हो गया
फिर पल्लू सरकाने की
ज़रूरत क्या है
हुस्न की तामील तो होगी
नहीं है अब परशुराम सा योगी
नत मस्तक सा हो गया हूँ
फिर महावर लगाने की
ज़रूरत क्या है
पद की चाप है
जैसे मृदंग की छाप है
अंदर से हृदय मेरा
रहा जोर से काँप है
फिर बिछिया दिखाने की
ज़रूरत क्या है
दिल की धड़कनें जोर हुई हैं
खामोशी नहीं अब शोर हुई हैं
फिर कंगन बजाने की
ज़रूरत क्या है
काबू नहीं है ख़ुद पर मेरा

पता नहीं अब क्या है मेरा
फिर झुमके लचकाने की
ज़रूरत क्या है
खड़ा हुआ हूँ बड़ी मुश्किल से
दिन में देख रहा तारे झिलमिल से
फिर नथ से सज जाने की
ज़रूरत क्या है
संत नहीं अब अंत हो गया
शरीर बचा पर रूह खो गया
फिर कमर लचकाने की
ज़रूरत क्या है
अब तो सारे रस्म हो गए
जीते जी हम भस्म हो गए
फिर चूड़ी खनकाने की
ज़रूरत क्या है
मैं तो ऐसे ही डूब रहा हूँ
तेरी आँखों की गहराई में
फिर पलकों को झुकाने की
ज़रूरत क्या है
ख़ूबसूरत तो बहुत हो तुम
फिर दर्पण दिखलाने की
ज़रूरत क्या है
ज़रूरत क्या है।

सबक़

बहुत कुछ सिखाया ज़िंदगी ने
नहीं था कभी भी किताबों में
वो सबक सिखाया ज़िंदगी ने
घायल है वो शख़्स बुरी तरह
अब जा कर मरहम लगाया ज़िंदगी ने
आम को ख़ास और ख़ास को आम
का रास्ता दिखाया ज़िंदगी ने
भूखे पेट और खाली जेब जब सोया रात भर
फिर से बहुत कुछ सिखाया ज़िंदगी ने
सीख जाता हर हुनर उस्तादों से
पर ठोकरों से सँभलना तो सिखाया ज़िंदगी ने
नहीं थी अपने से फ़ुरसत अब तक
फिर भी ज़माने की सोचना सिखाया ज़िंदगी ने
जो ज़ख़्म अब भी भरे नहीं
उनको छुपाना भी सिखाया ज़िंदगी ने
पूछा एक दिन मैंने ज़िंदगी से
तूँ इतनी कठिन क्यों है बता
आसान चीज़ों की कीमत कहा है
ऐसा मुझको समझाया ज़िंदगी ने
बढ़ रही है भीड़ हर तरफ़
इस भीड़ में अपना मुकाम
बनाना भी सिखाया ज़िंदगी ने

ज़रूरी नहीं कि हर काम हो पसंद से
कड़वे घूँट पीना भी सिखाया ज़िंदगी ने
ज़िंदगी का ये महँगा सबक
बड़े सस्ते में सिखाया ज़िंदगी ने।
उम्र बढ़ने के संग घटती है साँसें
ये फलसफ़ा भी बताया ज़िंदगी ने
बहुत कुछ सिखाया ज़िंदगी ने
नहीं था कभी भी किताबों में
वो सबक सिखाया ज़िंदगी ने
चाहें पढ़ने लिखने का शौक हो कितना भी
हमेशा दो पन्ने खाली-खाली रखो
ये सबक भी सिखाया ज़िंदगी ने
हम भागते रहे मेहनत से हर दम
फिर ख़्वाब में भी ख़्वाब ही दिखाया ज़िंदगी ने
उलझ गया कई बार रिश्तों के जाल में
जाल संग उड़ जाने का हौसला दिलाया ज़िंदगी ने
ना दो तवज्ज़ो हर बात को हर शख़्स को
भुला कर आगे बढ़ना भी सिखाया ज़िंदगी ने
दरवाजे बंद मिले जब भी पहुँचा मदद की खातिर
फिर अपना एक नया जहाँ भी दिलाया ज़िंदगी ने
वो रोते रहे ज़िंदगी हँसती रही
क्या-क्या खेल खिलाया ज़िंदगी ने
बहुत कुछ सिखाया ज़िंदगी ने
नहीं था कभी भी किताबों में
वो सबक सिखाया ज़िंदगी ने

गाँव की वो शाम

गाँव की वो शाम कहाँ गई
पीपल की वो छाँव कहाँ गई
बैठ कर चौपाल पर
लगाते थे जो दाँव कहाँ गई
वो गाय की करतल जुगाली
वो कौवों की काँव काँव कहाँ गई
वो चौपाल की खाट कहाँ गई
शाम कब होएगी
देखते थे जो ऐसी बाट, कहाँ गई
बुजुर्गों का आना, आशीर्वाद का पाना
मचलता रहा हर पल, वो बच्चों का कौतुहल
वो शरबत का पानी, वो हुक्के लगाना
वो रिश्तों की छाँव, कहाँ गई
गाँव की वो शाम कहाँ गई
वो मजनू के क़िस्से, वो लैला की कहानी
कभी रामायण, कभी गीता
सब याद थे जबानी
सड़कों पर चलाई थी जो नाँव, कहाँ गई
वो हैंडपंप चलाने की अजब मस्ती
बाँध तितलियों के पर, पतंगे उड़ाना
अपनी दुनिया के हम ही थे हस्ती
वो दादी की लाठी, खेलते थे जो कौवा काठी, कहाँ गई

वो गाय-भैंसों को जाने चराना

वो बंसी के संग मछली फँसाना

पुल पर बैठ कर गाते थे जो गाना

वो शाम की बाती वो संघी-संघाती

वो ठौर ठाँव कहाँ गई

गाँव की वो शाम कहाँ गई

ना चाहिए कॉपी और ना किताब

उँगलियों पर रखते थे सबका हिसाब

वो एक अलग दौर था जनाब

वो लीची के पत्ते और शीशम के छिलके

पान सरीखा मज़ा देते थे

हम खाते थे मिलके

वो पुआल की आग पर तंदूर लगाना

और उसके अंदर शकरकंदी छुपाना

दादू का वो बाज़ार जाना

और हमारे लिए लेमनचुस लाना

जो खाते थे मज़े लेकर, वो चाव कहाँ गई

गाँव की वो शाम कहाँ गई

पीपल की वो छाँव कहाँ गई

वो शाम को घर से दालान जाना

भूत के डर से सिट्टी-पिट्टी गुम जाना

और जोर से हनुमान चालीसा गाना

वो केले के पत्ते की सीटी बनाना

बेझिझक किसी से माँग कर खाना

नंगे पाँव फिर से स्कूल जाना

मास्टर जी का प्यार से पढ़ाना

छुट्टी की घंटी का इंतज़ार करना

स्वाद के चक्कर में इमली का लगाते निशाना

हवा सरीखे उड़ते थे वो पाँव कहाँ गई

गाँव की वो शाम कहाँ गई
पीपल की वो छाँव कहाँ गई
वो गुड़िया रानी की मस्त अँगड़ाई
घूम-घूम कर उसने मिट्टी थी खाई
मज़े से पकड़ा उसने हाथ में मंजन
और बगल में बाँस का दतुवन
दादा का वो सतुआ खाना
और मज़े से चटकारे लगाना
संग आम की चटनी थी भाई
हमारे मुँह में थी पानी भी आई
हमें भी थोड़ा दे दो
हम गाते थे ये चौपाई
प्यार से लगने वाला ये प्रस्ताव कहाँ गई
गाँव की वो शाम कहाँ गई
पीपल की वो छाँव कहाँ गई।

शाम और जाम

एक जाम वो है और एक जाम ये है
उस जाम में फँसे तो कष्ट बहुत होता है
इस जाम में फँसे तो कष्ट ही कट जाता है
उस जाम में फँसे तो अपने भी खलते हैं
इस जाम में फँसे तो अजनबी भी चलते हैं
उस जाम में फँसे तो संग शिकन होती है
इस जाम में फँसे तो संग चिकन होती है
एक शाम वो है और एक शाम ये है
एक जाम वो है और एक जाम ये है
उस जाम में फँसे तो चलने की ज़िद होती है
इस जाम में फँसे तो चखने की ज़िद होती है
उस जाम में फँसे तो गुब्बार सा हो जाता है
इस जाम में फँसे तो ख़ुमार सा छा जाता है
उस जाम में फँसे तो ज़िंदगी रुक सी जाती है
इस जाम में फँसे तो ज़िंदगी रंग सी लाती है
उस जाम में फँसने की अजीब सी कहानी है
इस जाम में फँसने की तो दुनिया दीवानी है
उस जाम में फँसने को भला कौन जाता है
इस जाम में फँसने को हर कोई चला आता है
उस जाम में फँसने से, हो रही खारिश है
इस जाम में फँसने की सबकी गुज़ारिश है।

बस इतनी सी बात

बात बस इतनी सी है
मोटा था पतला हो गया
और थोड़ा हकला हो गया
दौड़-दौड़ मुस्तैद हो गया
और बाल मेरा सफ़ेद हो गया
जिम जाऊँ या जिम न जाऊँ
बात ये भी सोचने सी है
बात बस इतनी सी है
एक शहर से दूसरे शहर तक
खानाबदोश-सा मैं भटका
और जीवनपथ में अटका
केंद्रबिंदु तो बदल गया है
लेकिन चक्कर जारी है
कभी दिल्ली, कभी मुम्बई
कभी बैंगलोर, कभी चेन्नई
सफ़र, शरीर पर भारी सी है
बात बस इतनी सी है
नई गाड़ी, पर वही सवारी
बच्चे बोले, बड़ी है न्यारी
पिछली सीट पर जोर-जोर से
इनकी मस्ती है जारी
पापा-पापा बस छोड़ दो

कार से स्कूल जाने की
अब हमारी बारी सी है
बात बस इतनी सी है
मैडम बोली नहीं चलेगा
अब तो हर नियम बदलेगा
अब हमारा गैंग बना है
और किट्टी के संग बना है
कान खोलकर तुम भी सुन लो
रविवार का दिन भी चुन लो
उस दिन मेरी आज़ादी सी है
बात बस इतनी सी है
ड्राइवर बोले, सर मेरी सुन लो
मेरी तरफ़ का रास्ता चुन लो
मैं भी अपने घर जाऊँगा
मुझको कुछ एडवांस भी दे दो
छुट्टी लेने का चांस भी दे दो
परिवार संग कुछ दिन रहने को
दिल में कुछ खलिस सी है
बात बस इतनी सी है
बात बस इतनी सी है

जंग–बीवी के संग

जिंदगी एक जंग है
जब तक बीवी संग है
36 के 36 गुण मिले थे
फिर भी किस्मत तंग है
यारों के संग बैठ गया तो
घर में मचा हुरदंग हैं
बीवी ने सज़ा दी ऐसी
सो रहा हूँ मैं फर्श पर
ऊपर सजा हुआ पलंग है
जिंदगी एक जंग है
जब तक बीवी संग है
आज हुआ कुछ ऐसा यारों
गुस्से में कहा मैंने, मुझे मारो
आव ना देखा, ताव ना देखा
गला दबाकर ऐसा फेंका
जैसे कोई तगड़ा दबंग है
जिंदगी एक जंग है
जब तक बीवी संग है
सोफा पर बैठ वो टीवी देखे
तिकड़म वीकरम वहीं से सीखे
अब चलाऊँगी ऐसा जादू
पति पर होगा मेरा काबू

और मुझे अब लग रहा है ऐसा
सपने सारे अब हो गए भंग हैं
ज़िंदगी एक जंग है
जब तक बीवी संग है
बीवी की तो ठाट निराली
सुबह-सुबह दूँ, मैं चाय की प्याली
और लंच में बिरयानी थाली
दोपहर में भेल और भड़ंग है
ज़िंदगी एक जंग है
जब तक बीवी संग है
सर्दी की बेदर्दी देखो
बीवी की ख़ुदगर्ज़ी देखो
रज़ाई ओढ़ पड़ी बिस्तर पर
वाणी का चलाए नस्तर
अच्छे से तुम बरतन धोना
फिर झाड़ू पोंछा भी है होना
कोई मेरी ये हालत देखो
नहीं चल रही वकालत देखो
इस मौसम में ठिठुर रहा हूँ
हाँ, मुझको लग रही ठंड है
ज़िंदगी एक जंग है
जब तक बीवी संग है
फ़ैशन का पैशन तो देखो
खर्चा हो रहा धन तो देखो
व्याकुल हो रहा मन तो देखो
हमारे तन पर साँप है लेटा
उनके मन उठ रही तरंग है
ज़िंदगी एक जंग है
जब तक बीवी संग है

उनकी आज किटी पार्टी है
पुरे शहर में इसकी चर्चा है
करना दिल खोल खर्चा है
गोलगप्पों से लेकर चाट तक
पास्ता से लेकर पिज़्ज़ा तक
पराठे से लेकर बिरयानी तक
तेरी से मेरी कहानी तक
स्वाद संग ज़्यादा मिर्चा है
उसने बोला बिल भरो तुम
और अच्छी सी टिप धरो तुम
होटल वाला मुझको देखे
और फिर धीरे से पूछे
क्या आपकी जेब तंग है
जिंदगी एक जंग है
जब तक बीवी संग है
आज पिक्चर का मूड बना है
और जारी फ़रमान हुआ है
ऑफ़िस से छुट्टी ले लो जी
और कर लो बाकी तैयारी
उधर बॉस का फ़ोन है आया
अर्जेंट काम से ऑफ़िस बुलाया
किसकी सुनूँ मैं और किसकी नहीं
अजीब सा मन में हो रहा द्वंद्व है
देख कर मेरी ऐसी हालत
सारी दुनिया दंग है
जिंदगी एक जंग है
जब तक बीवी संग है
बच्चों ने बोला, सुनो पापा
बंद करो तुम सब, ये स्यापा

एक अच्छा सा प्लान बनाओ
और हमें भी कहीं घुमाओ
शिमला, ऊटी हमें ना जाना
मौज मस्ती वाला ढूँढ़ों ठिकाना
तभी अचानक मैडम आईं
और अपने विचार बतलाईं
इनकी बात बतंगड़ छोड़ो
रोमांटिक सा कोई ट्रिप जोड़ो
इधर कुआँ है उधर है खाई
क्या करूँ? बताओ सब भाई
मेरी इच्छा कोई ना पूछे
अब मुझको कुछ भी ना सूझे
रंग में हो गया जैसे अब भंग है
ज़िंदगी एक जंग है
जब तक बीवी संग है

क्या बनाऊँ, क्या खाऊँ

सोच रहा हूँ कि एक डिश बनाऊँ
सर्दियों के इस मौसम में
चिकन बनाऊँ या फिश बनाऊँ
गाजर का हलवा बनाऊँ
या भुट्टे की कीस बनाऊँ
सोच रहा हूँ कि एक डिश बनाऊँ
सर्दी का मौसम ये न्यारा
हमे लगे है सबसे प्यारा
चाय से तो इश्क़ लड़ा है
गरम पकौड़े संग बगल खड़ा है
मक्के की रोटी बनाऊँ
और सरसों के साग संग खाऊँ
सोच रहा हूँ कि एक डिश बनाऊँ
सर्दियों में नल्ली निहारी
हर डिश पर हो रही है भारी
रोगन जोश का जोश तो देखो
खाकर है क्यों?, ख़ामोश तो देखो
मूली के पराठे भी हैं
गोभी के संग गाँठें भी हैं
बाजरे की रोटी बोली
मैं तो हूँ, इसकी हमजोली
संग इसके उन्धियो भी खाऊँ

सोच रहा हूँ कि एक डिश बनाऊँ
लापसी की वापसी हो गई
और गजक की चमक आ गयी
राब का हुआ ख़्वाब हकीकत
मूली की मैं चाट बनाऊँ
हरे चने की भाजी देखो
रंग पोंख संग साजी देखो
फिर हरा निमोना भी लाऊँ
सोच रहा हूँ कि एक डिश बनाऊँ
अब मीठे की बारी भाई
सबसे अच्छी मक्खन मलाई
गाजर का हलवा भी न्यारा
पर बाजी गोंद लड्डू ने मारा
तिल से बना तिलकुट भी खाऊँ
और इसे गजक भी बुलाऊँ
सोच रहा हूँ कि एक डिश बनाऊँ
गुड़-रसगुल्ला भी है आला
और संग संदेश का प्याला
इतना खाकर कहे लुगाई
और कुछ है, खाने को भाई
उसको अब मैं क्या समझाऊँ
सोच रहा हूँ कि एक डिश बनाऊँ

जीवन चक्र

एक ख़त्म होने को है, और दूसरा प्रारंभ
जीवन का यही उसूल है, नहीं रहता कोई दंभ
शरीर तो रहता नहीं, रह जाते बस संबंध
हर एक जीवन का ही है, बस यही सार निबंध
नदियाँ जब बहती हैं, तभी सागर से मिलती हैं
होती हैं दूषित जब बँध जाते, इन पर तटबंध
खाली हाथ ही आए थे, खाली हाथ ही जाना है
छोड़ जाय अच्छे कर्मों को, बस वही तो सच्चा खजाना है
हवा का तो चलना है ज़रूरी, और दिया का जलना है ज़रूरी
हर किसी की अलग राह है, हर किसी की अलग मज़बूरी
पर चलते रहना है बहुत ज़रूरी, बहुत ज़रूरी
यही है जीवन, यही है सृष्टि
आशाओं की अतिवृष्टि है, और दुखों की ओलावृष्टि
एक ख़त्म होने को है, और दूसरा प्रारंभ
जीवन का यही उसूल है, नहीं रहता कोई दंभ
जीवन हार नहीं जीत है, अर्धविराम ही पूर्णता की रीत है
ख़त्म होना तो अंत नहीं, जीवन चक्र की अगली प्रीत है
इस जीवन की यही कहानी, हम सब बहते दरिया का पानी
अंत ही है श्रोत आरंभ का, और आरंभ है अंत की जननी
अंत और आरंभ के चक्र में, जीते है सब फ़क्र से
जीवन के इस अविरल खेल में कोई है आता, कोई है जाता
जीवन के इस पथ पर, हो जाता है सबसे संबंध
एक ख़त्म होने को है, और दूसरा प्रारंभ

दौड़

पहाड़ों में मैंने जमकर दौड़ लगाई
हिम्मत और ताकत की कमी नहीं पाई
औरों ने भी की हौसला अफ़जाई
कभी दस तो कभी पंद्रह
दौड़ गए कर ऊर्जा संग्रह
मौसम भी था बड़ा सुहाना
छलाँग लगाई गाते हुए गाना
मन का वो अटूट विश्वास
फूलने नहीं देता था साँस
पहन कर कपड़े, बाँध के जूते
दौड़ गए अपने बल बूते
कितने सारे संगी साथी
इरादा बन गया जैसे हाथी
पहाड़ों की वो ऊँचाई
दिल को ख़ूब भायी भाई
कठिन परिश्रम से ऊपर वो चढ़ना
और फिर सरक-सरक कर उतरना
बादल नहीं पर कड़ी धूप है
मनमोहक छटा भी क्या ख़ूब है
कड़ी धूप तो जैसे पर ही कतरे
पर अटूट विश्वास के साथ हम हैं उतरे
कभी रास्ते में पत्थर, कभी सरकंडे

जोश और ताकत से, थे हम मुस्टंडे
बीस पर तो रेड बुल ली भाई
और पच्चीस तक की चूल लगाई
अब आयी तीस की चढ़ाई
रास्ते दुर्गम थे और थे कच्चे
पर इसको भी चढ़ जाने को
और विजय को पाने को
सारी कठिनाइयों के उड़ा दिए परखच्चे
दूसरे पड़ाव पूर्ण का स्टाम्प लगाया
तीसरे पड़ाव के लिए ताकत लगाया
दौड़ के जोश में, खो गया होश में
चार से पाँच बार गिर गया मैं
घुटने बोल गए टें, ये क्या कर गया मैं
गति धीमी हो गई, आशा धूमिल हो गई
दौड़ पूरी करने की, ख़्वाहिश अधूरी रह गई
हिम्मत और ताकत की कमी नहीं पाई
और ये कैसी शामत आ गई भाई
पहाड़ों में मैंने जमकर दौड़ लगायी।

कश्मकश

ज़िंदगी सूटकेस में, सिमट सी गई है
यात्राओं संग, लिपट सी गई है
अजनबी से मुलाक़ात होती है
अजनबी-अजनबी सी बात होती है
लगता है, अटक सी गई है
ज़िंदगी, सिमट सी गई है
यादों का दरिया बहता है
भावनाओं के संग रहता है
और बहुत कुछ, कहता है
बच्चों का तो ये रोना है
पापा संग मुझको सोना है
कई बार अब, लगता है जैसे
दिशा, भटक सी गई है
ज़िंदगी, सिमट सी गई है
ख़ुद की इच्छा पूरी करूँ
या करूँ पूरी उनकी ख़्वाहिश
शनिवार, रविवार साथ गुज़ारूँ

ऐसी बच्चों की है गुज़ारिश
भार्या की आँखें, सदा भर आईं
मोहपाश में इसबार बाँधूगी, है आस लगाई
लगा दूँगी ताला, छुपा दूँगी सामान
अपने ही घर में, हो गए मेहमान

सपने सारे, उलट से गए हैं
क़िस्मत, पलट सी गई है
ज़िंदगी, सिमट सी गई है
नाश्ता, अब फ्लाइट संग
लंच, अब क्लाइंट संग
डिनर, अब नाइट संग
करके, मन उचट सा गया है
ऑफ़िस में तो काम करो
उससे अपना नाम करो
घर में मैं बदनाम बनूँ
सब्र का काम तमाम हो गया है
बम धमाके सी, वो फट गई है
ज़िंदगी, सिमट सी गई है
यात्राओं संग, लिपट सी गई है
दौड़ने का शौक चढ़ा है
दौड़-दौड़ कर, पाना क्या है
मेडल लेकर, करना क्या है
बहुत हुआ, अब बस कर दो तुम
ख़ूब हुआ तो हफ्ते में दस कर दो तुम
शनिवार पर अधिकार हमारा
रविवार, तुम संग है प्यारा
कह-कह के अब मन है हारा
हरकतें तुम्हारी, खटक सी गई है
ज़िंदगी सिमट सी गई है
यात्राओं संग लिपट सी गई है

बुद्ध

राजकुमार थे राजमहल में
शान ओ शौकत एवं चहल पहल में
बनेगा ज्ञानी हुई भविष्यवाणी
परिवार की बढ़ गई परेशानी
तुम राजमहल में अब क़ैद हुए
सुरक्षा और सैनिक मुस्तैद हुए
नगर भ्रमण को जब एक बार निकले
असहाय, रोगी, मृतक देख पिघले
राज सुख को फिर त्याग दिया
कठोर तपस्या से ज्ञान प्राप्त किया
बुद्ध हुए तुम, शुद्ध हुए तुम
जब मार्ग अवरूद्ध हुए तो
ज्ञान पाकर अनिरूद्ध (विजय) हुए तुम
चाहे कोई वाणी, चाहे कोई वेष
बुद्ध के सारे परम है उपदेश
जन्म, मृत्यु, रोग और इच्छा
ये तो हैं अब दुःख के कारण
तृष्णा पर नियंत्रण से होगा निवारण
दृष्टि हो सम्यक (शुद्ध), सृष्टि हो सम्यक
संकल्प हो सम्यक, वाणी हो सम्यक
कर्म हो सम्यक, आजीविका सम्यक
व्यायाम हो सम्यक, स्वभाव हो सम्यक

स्मृति भी सम्यक, समाधि भी सम्यक
विकार भी हो तो स्वीकार करो तुम
नहीं किसी को धिक्कार करो तुम

बुद्ध हुए तुम, शुद्ध हुए तुम
ज्ञान प्राप्त अनिरुद्ध हुए तुम

आम आदमी

सपने दिखा गया था, आम आदमी
एक आशा जगा गया था, आम आदमी
लगाते रहे हम घर में झाड़ू
वो सपनों पर फिरा गया, आम आदमी
वादे किए और करी फिर बकैती
सरे आम उसने, करी फिर डकैती
सामाजिक सद्भाव का था वादा किया
फिर दग़ा दे गया वो, आम आदमी
गाड़ी नहीं लूँगा, बंगला भी नहीं
भ्रष्टाचार ना होगा, रहूँ चाहे कँगला यहीं
गाड़ी भी ले ली, बंगला भी ले लिया
रिश्वत के पैसे से जेब भरी
सबको कँगला बना गया, आम आदमी
आम-आम कह कर, वो ख़ास बना
ये थोथा चना, बज रहा है घना
शोहरत की आग, ऐसी लगी
दोस्तों की सोहबत, भी ना जमी
सबको चूना लगा गया, आम आदमी
चुनिंदो को अब, मिली कुर्सी
बाकी सबकी हुई मातमपुरसी
दिल्ली के बाद पंजाब मिला
साम्राज्य बढ़ाने का ख़्वाब मिला

राजनीतिक सफलता, कुछ ऐसी मिली
विपक्ष को भी हिला गया, आम आदमी
आगे बढ़े तो अब गुजरात दिखा
सफलता चखने को फिर मौका मिला
अब तो रह हूँ जुगाड़ भिड़ा
झूठे वादों की नाव फिर से खे रहा
बात तो थी, पार उतरने की
पर वो किश्ती डुबा गया, आम आदमी
लगाते रहे हम घर में झाड़ू
वो सपनों पर फिरा गया, आम आदमी
दिल्ली का दिल और पंजाब का रूवाब
अदब से अब मुझको कहिए "जनाब"
हिमाचल की सर्दी और हिमाचल का फल
वहाँ भी बन जाय सरकार
अब मन रहा है मचल
परिवर्तन की हवा तो वहाँ है चली
इनकी दाल वहाँ भी नहीं गली
देखो फिर से आई दिवाली
पटाखों पर प्रतिबंध, पर जल रही पराली
प्रदूषण की मार फिर सब पर ऐसी पड़ी
सबको केजरीवाल बना गया, आम आदमी
सबको चूना लगा गया, आम आदमी
लगाते रहे हम घर में झाड़ू
वो सपनों पर फिरा गया, आम आदमी।

हमजोली

अरे, ये क्या हो गया
देखो मेरा क्या हाल है
टमाटर जैसा गाल लाल है
ये क्या हुआ कमाल है
ये कैसे हुआ कमाल है
तीन मित्र बैठे हैं मेज़ पर
बातें कर रहे हैं सहेज कर
जानें, किसका मलाल है
लगता ढीला सा हाल है
गप-शप की बातें वो न्यारी
किसने किसको आँखें मारी
देख लिया है उसने चुपके
सिमट गई जैसे वो छुपके
लगता है कि हुआ बवाल है
कैसे ये हुआ कमाल है
फिर उसने है नज़र मिलाई
दाँतों से पल्लू जो दबाई
पैरों से धरती खिसकी भाई
धड़कनें तेज हो गई
रक्तों में आया उछाल है
लगता है हुआ धमाल है
कैसे ये हुआ कमाल है

बाकी सारी इच्छा मिट गई
सारी दुनिया वहीं सिमट गई
मुलाक़ात का मौका आया
मैंने भी ख़ुद को है सजाया
सज सँवर कर वो भी आई
जुल्फ़ों को ऐसे लहराई
वज्रपात सा हो गया भाई
बड़ी मुश्किल से ख़ुद को सँभाला
हाथ मिलाकर बोला हेल्लो
फिर धीरे से वो मुसकायी
घायल हो गया फिर से भाई
चुटकी बजा कर उसने पूछा
यहाँ नहीं है क्या कोई दूजा
किसका मन में आ रहा ख़याल है
लगता है हुआ धमाल है
कैसे ये हुआ कमाल है
आओ बैठे बात करें हम
एक दूजे के साथ करें हम
हथेलियों का स्पर्श जो पाया
मैं तो फिर से मर गया भाया
उसने मेरा हाल जो पूछा
मेरी हालत जैसे चूजा
बदन था काँपें थर-थर भाई
अधरों से आवाज़ न आई
ताकत संग अधरों को खोला
बड़ी मुश्किल से मैंने बोला
दिल की बात बताई उससे
रिश्तों की तगाई उससे
उसका हाल भी पूछा उससे

सुर ताल भी जोड़ा उससे
जब गाई सौंदर्य की गाथा
राह से हट गई सारी बाधा
वाकई में हुआ धमाल है
कैसे ये हुआ कमाल है
कंधों पर उसने सर रख डाला
सारे दुखों को उसने हर डाला
तेज हुआ अब मेरा श्वास है
जब से देखा उसका विश्वास है
उसकी हर अदा से घायल हूँ मैं
उसका तो अब कायल हूँ मैं
उसके प्रेम में पागल हूँ मैं
बाकी सब अब लगे सवाल है
कैसे ये हुआ कमाल है
वाकई में हुआ धमाल है
उसकी आँखों में नशा वो
चेहरे पर छाया खुमार वो
अधरों से निकली बोली वो
शब्दों से घोली मिश्री, वो
हाथों के कंगन भी बोले
कानों के कुंडल भी बोले
माथे की बिंदिया भी बोली
होंठों की लाली भी बोली
पैरों की पायल भी बोली
आओ बन जाए हमजोली
वाकई में हुआ धमाल है
कैसे ये हुआ कमाल है
उसने भी भर दी है हामी
मान लिया मुझको है साथी

उसपे होता फ़क्र अनोखा
जीवन का ये चक्र अनोखा
सुश्री से वो श्रीमती बन गईं
जीवन में सबसे कीमती बन गई
घर में है एक रौनक आई
हर किसी की प्यारी बन गई
सबकी राजदुलारी बन गई
सास कहे तू साँस है मेरी
ससुर कहे तू बिटिया मेरी
वाकई में हुआ धमाल है
कैसे ये हुआ कमाल है।

पापा

पापा की तो बात निराली
पापा की हर बात पर ताली
जूते और चश्मे पहन, पापा के
भैया देखो, मैं तो तन गया
देखो, मैं पापा बन गया
देखो, मैं पापा बन गया
मम्मी, मेरा बैग तो दे दो
साथ में, मेरा लंचबॉक्स भी दे दो
सूट-बूट तो पहन लिया है
संग पहनने को टाई भी दे दो
और खाने को मिठाई दे दो
अब तो, मैं हीरो बन गया
देखो, मैं पापा बन गया
हाँ, मैं पापा बन गया
मम्मी बोली, सुन मेरा बेटा
अभी तो तू है बच्चा सा
आज तो मैं कुछ कहूँगा
और चुप नहीं रहूँगा
मैं पढ़ता, पापा भी पढ़ते
मैं लिखता, पापा भी लिखते
पापा खाते, मैं भी खाता
मैं भी अब, बड़ा हो गया

देखो पैरों पर खड़ा हो गया
फिर क्यों नहीं मैं पापा बनता
मम्मी कुछ तो मुझे बताओ
जल्दी से तुम मुझे सिखाओ
और फिर पापा बनाओ।

परिचारिका

हम तो चले विमान में
सपनों की उड़ान में
शहर-शहर और देश-देश
नई तहजीब और नए भेष
हर किसी का करें हम स्वागत
हर कोई सम्मानिये जैसे तथागत
इक नई ऊर्जा और इक नई मुस्कान
सेवा में आपके हाजिर श्रीमान,
हर छोटी बात को समझे
प्यार से सबको समझाए,
हम कभी ना उलझे
वृद्ध हो या हो बच्चे,
हम सबके संग सच्चे
स्वादिष्ट भोजन या जलपान
आप बताएँ क्या चाहिए श्रीमान
छोटी-छोटी बातों और छोटी सी इच्छा
हर वक़्त होती हमारी परीक्षा
दिन की फिकर है ना रात की चिंता
आप सकुशल पहुँचे, है यही मंशा
सजना, सँवरना भी ख़ूब पसंद है
पर आपकी सुरक्षा, की चाक-चौबंद है
आपकी मदद को है हम आगे,

ज़िम्मेदारियों से कभी ना भागे
घट गई दूरी, हुई यात्रा पूरी
फिर से मुलाक़ात की आश है अधूरी
आपकी खुशी में तो हम भी खुश है
आपकी सुनी हमने, हमारी भी सुनिए,
हमारी व्यथा से और कुछ बुनिए
आपकी सेवा तो करते रहें हम,
ख़ुद की ज़िंदगी को तरसते रहे हम
जीवन जैसे सूटकेस में सिमटा
रोटी के जैसे हो रहा उल्टा-पुल्टा
हम तो चले विमान में
सपनों की उड़ान में।

इश्क़ का पारा

ओ यारा रे, ओ मेरे यारा रे
आ पास आ, तुझे दिल ने पुकारा रे
होता नहीं तेरे बिन, अब गुजारा रे
सज धज के आई जैसे दुल्हन नवेली
चंदा और बदरी जैसे करे अठखेली
अब तो चढ़ा है इश्क़ का पारा रे
ओ यारा रे, ओ मेरे यारा रे

आ पास आ, तुझे दिल ने पुकारा रे
नयनों से तेरी जैसी चलती है बिजली
और आह ठंडी सी, दिल से है निकली
जाने कैसे अब होगा गुजारा रे
ओ यारा रे, ओ मेरे यारा रे

आ पास आ, तुझे दिल ने पुकारा रे
होता नहीं तेरे बिन अब गुजारा रे
छम-छम बाजे तेरी पायल की गूँज रे
कैसे रखूँ दिल को महफ़ूज़ रे
कमर बलखाये जैसे नागिन की चाल रे
जाने कैसे करती है तू कमाल रे
मोहक अदाओं से, तूने तो मारा रे

ओ यारा रे, ओ मेरे यारा रे
आ पास आ, तुझे दिल ने पुकारा रे

होता नहीं तेरे बिन अब गुजारा रे

आँखों में देखूँ, तो दिखे है समंदर

तूँ तो लगे है जैसे मस्त कलन्दर

होंठों की तेरी, मुस्कान अनोखी

चेहरे पर दिखे है, अजब सी शोखी

नयनों से बाण तूने फिर से है मारा रे

ओ यारा रे, ओ मेरे यारा रे

आ पास आ, तुझे दिल ने पुकारा रे

होता नहीं तेरे बिन, अब गुजारा रे

बातें ये तेरी शहद सी मीठी

और लगे कभी मिर्ची सी तीखी

पैरों में तेरे मेंहदी-महावर

उस पर करूँ मैं ख़ुद को न्योछावर

ओ यारा रे, ओ मेरे यारा रे

आ पास आ, तुझे दिल ने पुकारा रे

हिरनी सी जैसी चाल तुम्हारी

तेरी हर अदा पर जाऊँ बलिहारी

तूँ तो लगे है छैल छबीली

बातें तो तेरी गजब रसीली

रब ने है तुम्हें ख़ुद से सँवारा रे

जाने कैसे अब होगा गुजारा रे

ओ यारा रे, ओ मेरे यारा रे

आ पास आ, तुझे दिल ने पुकारा रे

होता नहीं तेरे बिन अब गुजारा रे

ओ यारा रे, ओ मेरे यारा रे

ओ यारा रे, ओ मेरे यारा रे।

दिवाली

दीपावली हो या दिवाली हो
दिल से मनाने वाली हो
धनतेरस से धन सज जाए
प्रेम भाव से मन सज जाए
नर्क चतुर्दशी स्वर्ग ले आए
सभी अशुद्धि दूर हो जाए
लक्ष्मी पूजन ऐसे मनाए
पुष्प, मिठाई और पटाखे
ले आएँ हम सब जाके
माँ लक्ष्मी का आशीर्वाद हो
और चरम सुख भी प्राप्त हो
अन्नकूट या गोवर्धन बोले
पकवानों के भोग लगाए
और भंडारा भी करवाए
फिर आई भाईदूज की बारी
भाई कहे, बहना तू आ री
रिश्ते अपने तो प्रगाढ़ है
निश्छल प्रेम भी अगाध है
आओ फिर हम दीया जलाएँ
संपूर्ण विश्व जगमग हो जाए
दीपों का श्रृंगार दिवाली
रौनक का त्योहार दिवाली

खुशियों की बौछार दिवाली
करे दूर अँधकार दिवाली
आप सबको "शुभ दिवाली"

सब ठीक है

जिंदगी, सही चल रही है
हर चाल, नई चल रही है
सोचा था, पाया भी है
वादा था, निभाया भी है
हर पल, नई लग रही है
जिंदगी, सही चल रही है
नया करने की ये सोच
अब नहीं रुक रही है
जिंदगी, सही चल रही है
हर पैमाने का नया पैमाना
एक नया विश्व है बनाना
हम सब साथ मिल गए हैं
हिम्मत से एक जुट हो गए हैं
ट्रेन, पटरी से मिल रही है
जिंदगी, सही चल रही है
एक नया ये दौर हुआ है
बालक से अब प्रौढ़ हुआ है
अब तो बस यही अर्चना है
करना एक नई गर्जना है
दुदुंभी भी बज रही है
जिंदगी, सही चल रही है
आओ मिलकर काज करें

दुनिया पर अब राज करें
ख़ुद को अब हमसाज करें
और तुम्हें हमराज करें
संगी साथी पर नाज करें
सफलता की, लत लग गई है
ज़िंदगी, सही चल रही है
नीति की ना चूक करें
आगे बढ़ने की भूख करें
निशाना जैसे बंदूक करें
बातें भी दो टूक करें
तबियत, अब मचल रही है
ज़िंदगी, सही चल रही है
लक्ष्य तो ये बहुत बड़ा है
पर यहाँ पृथ्वीराज खड़ा है
कर्मठ है, वाचाल नहीं है
गर्दिश का कोई काल नहीं है
भरे पड़े हैं तीर, तरकश में
वाकिफ हैं, की नहीं सर्कस ये
हिम्मत उछाल ले रही है
ज़िंदगी सही चल रही है
चार बाँस, चौदह गज, अँगुल अष्ट प्रमाण,
लक्ष्य से हैं कितनी दूरी, नाप लिया श्रीमान,
बन गई है नीति, पता है विधि
आयोजन भी सफल रहा है
शोहरत, रच सी गयी है
ज़िंदगी, सही चल रही है।

अर्धांगिनी

क्या करूँ ये सोच नहीं पाता
क्यों नहीं जीवन ये भाता
अर्श की जगह फर्श क्यों है
जीवन में इतना संघर्ष क्यों है
जीवन चक्र तो बहुत अजीब है
फटा हुआ मेरा नसीब है
जीवन संगिनी की आस बहुत है
मेरे दिल के वो पास बहुत है
उसकी फ़रमाइश तो सही है
पर उसकी गुंजाइश नहीं है
जीवन में अवरोध बहुत है
उसका भी अनुरोध सही है
उसने देखे दुख बहुत है
शरीर हो रहा बुत बहुत है
कहने को अर्धांगिनी है वो
वाकई में सर्वांगिनी है वो
उससे रूसा क्यों रहूँ मैं
उसपे गुस्सा क्यों करूँ मैं
मन में उसके संतोष बहुत है
क्या ये उसका दोष बहुत है
जीवन को पूरा खँगाला उसने
घर को अच्छा सँभाला उसने

माता-पिता, दोनों का फ़र्ज़ निभाया
बच्चों को भी संग है भाया
गृहिणी संग गुरु भी वो है
सारे घर की रौनक वो है
खोयी ख़ुद का सुध-बुध तो है
शारीरिक समर्पण भी है देखा
और मन का भी अर्पन है देखा
क्यों तुमको इंसान कहूँ मैं
क्यों नहीं भगवान कहूँ मैं
क्या करूँ ये सोच नहीं पाता
क्यों नहीं है जीवन भाता।

प्यारी दादी

दादी मेरी दादी
क्यों नहीं खिलौना ला दी
ख़ुद तो है मलमल पहने
मैं क्यों पहनू खादी
घर बैठे मैं बोर हो गया
क्यों नहीं पार्क घुमा दी
ओ दादी मेरी दादी
मैं तो सबसे प्यारा हूँ
और तेरा राज दुलारा हूँ
बात तो तेरी सारी मानूँ
फिर क्यों, गुस्सा तू दादी
मेरी प्यारी दादी
तू तो है परियों की रानी
ख़ूब पसंद है तेरी कहानी
फिर क्यों नहीं अब सुनाती
ओ मेरी प्यारी दादी
रोटी और मक्खन भी खाऊँ
संग तेरे मैं गीत भी गाऊँ
फिर क्यों नहीं पास सुलाती
ओ मेरी प्यारी दादी
तू तो, मेरे संग भी खेले
मेरे दुःख तू सारे ले ले

तेरे पास ही लेटा हूँ
मैं तो राजा बेटा हूँ
फिर तू क्यों खिसियाती
ओ मेरी प्यारी दादी
शैतानी तो ख़ूब करूँ मैं
आटे को गीला कर दूँ
और चावल में मिट्टी भरूँ मैं
सारी गलती माफ करे तू
नहीं कभी झुँझलाती
ओ मेरी प्यारी दादी
थोड़ा सा और बड़ा हो जाऊँ
ख़ुद के पैरों पर खड़ा हो जाऊँ
और तेरा सहारा बन जाऊँ
ऐसी आस दिखाती
ओ मेरी प्यारी दादी
ओ मेरी प्यारी दादी।

अभिभावक

पिता है वो,
ख़ुद के लिए कुछ नहीं
बस दूसरों के लिए, जीता है वो
पिता है वो
तेरी खुशियों के खातिर
अपनी खुशियाँ वो भूल गया
तेरे सपने पूरे करने को
कर्ज़ों में भी डूब गया वो
बिटिया है जान हमारी
और पुत्र प्राणों से प्यारे
समय का फेर हो कैसा भी
खोया नहीं कभी भी आपा
अनुशासन का पाठ पढ़ाए और
कभी हम पर उसे प्यार भी आए
तेरे नाम से गर्व है मेरा
तेरे नाम से सर्व है मेरा
मेरी तो पहचान हो आप
सच्ची में, मेरी शान हो आप
आप की महिमा बहुत बड़ी है
जीवन की मज़बूत कड़ी है
सही गलत का ज्ञान दिया
सदा मार्गदर्शन भी किया

परिस्थितियों में ढलना सीखा
जीवन में आगे बढ़ना सीखा
सादगी भी सीखी हमने
सहनशील होना भी सीखा
अनुशासन भी सीखा हमने
ख़ुद पर संयम रखना सीखा
सागर जैसा दिल भी देखा
अँगुली पकड़ कर चलना सीखा
और आप में सखा भी देखा
आपसे तो अब हमें गर्व है
आपसे ही सर्वस्व है
पिता है वो
ख़ुद के लिए नहीं दूसरों के लिए जीता है वो
पिता है वो
पिता है वो।

हिंदू हैं हम

हिंदू हैं हम
पूरा काराज़ हैं हम
नहीं समझना कि, सिर्फ़ बिंदु हैं
सनातनी सीखा है हमने
तनातनी नहीं सीखा है
गर अपनी पर आ गए तो
समझ जाओगे तीखा है
भगवा भी पहना है हमने
तिलक भी लगाई हैं
सभ्यता और संस्कृति को
बचाने की कसम भी खाई है
हमारी टोपी पगड़ी वाली
नहीं कोई जाली है
सुमधुर भजन गाएँ हम मिलकर
नहीं कोई कव्वाली हैं
हाँ, हिंदू हैं हम
पूरा काराज़ हैं हम
नहीं समझना कि सिर्फ़ बिंदु हैं
होश में आ जाओ अब
याद रखो भगवान सब
हर इंसान भी भगवान है
और नहीं कोई दूजा रब

बाहुल्य से तो बहुत बड़े हैं
और प्रीत से सने पड़े हैं
रहना ज़रा सा बच के
और थोड़ा सँभल के
हाँ, हिंदू हैं हम
पूरा काग़ज़ हैं हम
नहीं समझना कि सिर्फ़ बिंदु हैं
सदियों से चल रही परंपरा
और सभ्यता से भरी संपदा
दुनिया को स्वराज दिया
और फिर रामराज दिया
संस्कृति का पहने हैं गहना
वचनों का तो और क्या कहना
आदर मान से तो राज्य दिया
पड़ी जरूरत तो लंका फूँक दिया
हाँ, हिंदू हैं हम
पूरा काग़ज़ हैं हम
नहीं समझना कि सिर्फ़ बिंदु हैं
हाँ, हम हिंदू हैं
हाँ, हम हिंदू हैं।

मज़दूर या मज़बूर

ये कैसा दस्तूर है
कैसे मैं मजबूर हूँ
हाँ, मैं तो मज़दूर हूँ
दो वक़्त की बोटी जुटे ना
दो जून की रोटी चाहूँ
चार पहर तो काम करूँ मैं
एक वक़्त की नींद भी चाहूँ
दो जन का पेट भरूँ कैसे
इतना क्यों मजबूर हूँ
हाँ, हाँ मैं तो मज़दूर हूँ
नन्हीं सी वो बिटिया मेरी
हर दूजे बच्चे के जैसे
वो तो ख़्वाब सजाती है
पर जीवनचक्र चलाने को
और कुछ कमाने को
घर से बहुत दूर हूँ
उसके ख़्वाब तो सजा ना पाऊँ
इतना क्यों मजबूर हूँ
हाँ, हाँ मैं तो मज़दूर हूँ
हमजोली के संग ठिठोली
अब तो बस होली के होली
विह्वल मनवा, व्याकुल नैना

बड़ी मुश्किल से कटे हैं रैना
जीवन ने ये चला है नश्तर
बद से अब हुआ है बदतर
हृदय पर पत्थर रखकर
जीने को मज़बूर हूँ
हाँ, हाँ मैं तो मज़दूर हूँ
हाँ, हाँ मैं तो मज़दूर हूँ
ख़ुद के घर का पता नहीं है
और दूसरों का महल सजाऊँ
ख़ुद की ईंट से ईंट बज गई
दूसरों की ईंट से ईंट सजाऊँ
अरमानों के बोझ हैं इतने
कि चैन से कैसे सो जाऊँ
कैसी विपदा आन पड़ी है
मात-पिता की आस बड़ी है
खुली छत है, स्याह रात है
सारे सपनों पर जैसे
हो रहा अब वज्रपात है
ऐसा क्या जुल्म किया जो
ईश्वर की आँखों से दूर हूँ
ऐसे क्यों मजलूम हूँ मैं
हाँ, हाँ मैं तो मज़दूर हूँ
हाँ, हाँ मैं तो मज़दूर हूँ।

प्यार

दिल्लगी, दिल की लगी
जानेमन की बंदगी
नाम इसी का प्यार है
पर चीज़ बड़ी बेकार है
नाम इसी का प्यार है
पर चीज़ बड़ी बेकार है
याद उसी की आती है
नींद उड़ा कर जाती है
छाया हुआ खुमार है
जीना हुआ दुश्वार है
नाम इसी का प्यार है
पर चीज़ बड़ी बेकार है
प्यार किया है
प्यार करेंगे
साथ जिएँगे, साथ मरेंगे
वादों की बौछार है
नाम इसी का प्यार है
पर चीज़ बड़ी बेकार है
मुझको तो उनसे मिलना है
और बहुत कुछ कहना है
मिलने से क्यों डरती हो
क्या प्यार नहीं तुम करती हो
कैसा ऐतबार है
नाम इसी का प्यार है
पर चीज़ बड़ी बेकार है।

सनम

मेरा तुझसे है वास्ता
तू ही है मेरा रास्ता
रब भी है तू
सब भी है तू
कल भी थी तू
अब भी है तू
आ जा मेरे पास आ
ना मुझे तू अब तरसा
यार मेरे प्यार तू
और मेरा दिलदार तू
यादें भूली बिसरी सी
अभी तो लगे हैं मिश्री सी
तुझसे अब मैं क्या कहूँ
तेरे बिन कैसे रहूँ
आजा मुझमें जा समा
ये करम तू फरमा
आ जा मेरे पास आ
ना मुझे तू अब तरसा
धड़क-धड़क कर बोले दिल
जल्दी से तू मुझसे मिल
लहराती जुल्फें और ये हया
जाने मुझको क्या हुआ

मैं तो तेरा कायल हूँ
तेरी अदा पर घायल हूँ
इतना मुझको ना सता
ऐसी क्या हो गई खता
मेरे दिलबर तू बता
आ जा मेरे पास आ
ना मुझे तू अब तरसा
आ तू अपना हाथ दे
ज़िंदगी का साथ दे
बाहों में मुझको थाम ले
अब तो तेरा नाम लूँ
रब से तुझको माँग लूँ
आ जा मेरे पास आ
ना मुझे तू अब तरसा
रब भी तू है सब भी तू है
कल भी तू थी अब भी तू है
ओ मेरे सनम, ओ मेरे सनम
ओ मेरे दिलबर, ओ मेरे दिलबर
आ देखूँ तुझे मैं दिल भर कर,
तेरी निगाहों में खो गया
तेरा ही मैं तो हो गया
तेरी जुल्फ़ों की घटाओं में
मैं तो जैसे सो गया
उफ़्फ़ तेरी ये अदा
कोई कैसे ना हो फ़िदा
और ये आँखें नशीली
जाम जैसे मैंने पी ली
मैं ज़रा घबरा गया
अब नशा सा छा गया

ले तू मुझे अब सँभाल
बाहें गले में अब तो डाल
ना छोड़ कर अब तू जा
ओ मेरे सनम, ओ मेरे सनम
ओ मेरे दिलबर, ओ मेरे दिलबर
आ देखूँ तुझको जी भर कर।

प्रकृति से तालमेल

नदियाँ, पर्वत और ये झरने
प्रकृति लगी है सजने सँवरने।
ये बेहिसाब गर्मी और अनायास बारिश
प्रकृति से करो तालमेल
अब ये मानव से गुज़ारिश।
आसमाँ सी ऊँचाई
और समंदर सी गहराई
जीवन सफल बनाने की
कसम भी हमने खाई
हर बात अधूरी करेंगे पूरी
और कुछ नया भी ज़रूरी
ऐसी हमने ली अंगड़ाई हो
ख़ुद तो सफल हो जाना है
और दूसरे को भी सफल बनाना है
सामाजिकता का अब ये नया ताना-बाना है
मानव को मानव से भी आगे ले जाना है
एक नए समर में जाना है
एक नया शहर बसाना है
कसम तो हमने खाई है
ना काटें वनों को ना पर्वत को तोड़ें
उनके जीवन को अपने जीवन से जोड़ें
ना गंदगी धरा पर, ना नदियों को मोड़ें

न वायु हो दूषित न सोच हमारी
उनके जीवन में भी हम रंग जोड़ें।
ये नदियाँ, ये पर्वत और ये झरने
क्योंकर लगे हैं अब ये उजड़ने।

सीख

क्या सीखें, क्या भूल जाएँ
किसको त्यागें, किसे अपनाएँ
मानव को हरि कैसे बनाएँ।
आशाओं का भ्रमरजाल है
करता नित दिन नए सवाल है
मैं को हम कैसे बनाएँ
अहम, वहम कैसे तज पाएँ
मानव को हरि कैसे बनाएँ।
कुछ तज देंगे, कुछ सज देंगे
मानव रख, दानव तज देंगे
आशा रख, निराशा तज देंगे
उल्लास रख, विलास तज देंगे
प्रयास रख, विनाश तज देंगे
चयन करेंगे अपनी धरा
वादों पर उतरेंगे खरा
मानव जो मानव हो जाएँ
धीरे-धीरे फिर हरि बन जाएँ

तितली

रंग बिरंगी तितलियाँ
ख़ुद पर इठलाती हैं
जीवन का पाठ पढ़ाती हैं
हर वृक्ष, हर डाली, हर बाग, हर फूल
ख़ुशी-ख़ुशी से जाती हैं
अपना कर्म निभाती हैं
पराग कण लिए हुए
जीवन चक्र बढ़ाती हैं
नहीं कोई शिकन, ना कोई शिकवा,
प्रकृति हेतु समर्पित सदा
अपनी सारी थकान भूल
काली, नीली या पीली हो
हर एक से मिलना सिखाती हैं
कोई भेद नहीं, कोई द्वेष नहीं
हर फूलों से मिलकर,
संदेश सही दे जाती हैं
जीवन का राग सिखाती हैं
अपनी इस लघु काया से
कार्य बड़ा कर जाती हैं,
प्रकृति के इस चक्र में नवचेतना जगाती हैं
ख़ुद के भी आकर भिन्न हैं
पर कर्मठता का भाग अभिन्न है

अपने अडिग साहस से ये
नया हौसला ले आती हैं
जीवन का राग सिखाती हैं।

आश

मैंने आज गाना गाया
ज़िंदगी मे कौन लौट आया
मेरे सुर में आज सुर लगे
और जीवन में एक आश जगे
बीते दिनों की कोई खलिश है
आगे बढ़ने की ये कैसी कशिश है
गाना तो मैंने चुना
लेकिन उन्होंने बड़े प्यार से सुना
भावों की ऐसी अभिव्यक्ति
आई कहाँ से मुझमें ये शक्ति
मेरे कैसे भाग जगे
जैसे पंख शुर्ख़ाब लगे
किसी की नहीं सुनूँ, पर अपनी सुनाऊँ
कितनी खुशी है, कैसे बताऊँ
बच्चे भी खुश हैं और मैं भी खुश हूँ
नए गीत गुनगुनाने को और उत्सुक हूँ
ज़िंदगी में कौन लौट आया
आज मैंने फिर गाना गाया।

मैं

क्या मैं वहीं हूँ, क्या मैं सही हूँ
मैं क्यों बदलूँ, मैं क्यों नहीं बदलूँ
जो कुछ सोचा ख़ुद के लिए
मैं आज क्यों वो नहीं हूँ।
मेरी क्या क्षमता है, और उससे क्यों ममता है
गर आगे बढ़ना है, तो क्या नया करना है
एक नई क्षमता और एक नया रास्ता हो
जिससे मेरे भविष्य का सही वास्ता हो
दस पर बस क्यों, सौ से कम क्यों
कला में कुशल, कार्य में निपुण
और अच्छे लोगों से वास्ता हो
बड़ी सोच हो, हो बड़े इरादे,
छाप छोड़ने के लिए, हर दम लगा दें
सोच ऐसे कि ये अब झकझोरे
लहरों के जैसे ये ले हिलोरे
समुद्र सा मंथन हो रहा मन में
आग लग गई जैसे तन में
ख़ुद से विचारूँ और ख़ुद को पुकारूँ
ख़ुद को बनाना पड़ेगा जुझारू
अंगारों पर चल कर, मैं पार उतारूँ
एक नए भविष्य, एक नए इतिहास लिखने को
ख़ुद को कैसे सक्षम कर डालूँ।

गुरु और शिष्य

हनुमंत को अब जामवंत मिल गए हैं
सारे इरादे बुलंद हो गए हैं
असमंजस में था मैं, उत्सुक भी था
गुत्थी सुलझाने को आतुर भी था
ख़ुद के सवालों को ख़ुद से ही पूछा
ख़ुद को खँगाला है, ख़ुद को ही ढूँढ़ा
ख़ुद का सही आकलन हो गया है
हनुमंत को अब जामवंत मिल गए हैं
मुझको क्या करना है और कैसे करना है
अब मुझको मूलमंत्र मिल गया है
सफलता क्या है, विफलता क्या है
परिवार क्या है, व्यापार क्या है
मैं क्या हूँ, मैं क्या नहीं हूँ ये तो पता है
ये नहीं पता कि क्या नहीं पता है
और इसको अब करना पता है
ख़ुद का सटीक विश्लेषण हो गया है
हनुमंत को अब जामवंत मिल गए हैं
मैं कौन हूँ क्या ख़ुशियाँ हैं मेरी
ख़ुद को सँवारने को क्यों करनी देरी
विराम को छोड़ो, परिणाम की सोचो
किए जो वादे, निभाने की सोचो
समर्पण, संवाद, समाज और स्वास्थ्य

इन सबका, सदुपयोग कर लिया है
हनुमंत को अब जामवंत मिल गया है
मैं क्या था मैं क्या बना
जीवन का ये सार घना

वो पाँच जीवन के गहरे पड़ाव
और वो पाँच मूलमंत्र मिल गये हैं
हनुमंत को अब जामवंत मिल गया है
पैशन का फ़ैशन, ब्लूप्रिंट या खाका
भय और उद्देश्य दोनों को नापा

ख़ुद के जीवन से जीवन रत्न मिल गया है
हनुमंत को अब जामवंत मिल गया है
गूढ़ मूल्यों का आदर करो
अब बहुत हो गया आगे बढ़ो
अब ज्ञान का पान करो

अब लक्ष्य का संधान करो
अब किसको मैं लिस्ट करूँ
किसको ब्लैक लिस्ट करूँ
अजीब सा ये ट्विस्ट हो गया है
अलोन हूँ या क्लोन हूँ

जीवन में बदलाव लाने वाला मैं तो साइक्लोन हूँ
फिर आज जीवन का मूल मंत्र मिल गया है
हनुमंत को अब जामवंत मिल गया है
धार हो या रफ्तार हो
गर मन से आप तैयार हो

शरीर मेरा फिर तंत्र बन गया है
नई सारिणी बने, और तारिणी बने
नया कोई यार हो, घृणा जिम्मेदार हो
सोचने का नया माप हो
विश्व में नई छाप हों दूर की दृष्टि हो

नज़र में सारी सृष्टि हो

अमिट छाप छोड़ने की एक नई प्रविष्टी हो

अच्छे से सजे-धजे

भीड़ में भी आप जँचे

आप से ही संवाद हो

और अलग अन्दाज़ हो

अपना एक मूल्य बने

जीवन बहुमूल्य बने

जब जबान की बात हो

आप उसके साथ हो

चेहरे से आभा झलके

एक नया व्यक्तित्व चमके

एक नया यंत्र-तंत्र बन गया है

हनुमंत को अब जामवंत मिल गया है

ख़ुद को सँवारा है अब आगे बढ़ना है

दूसरे को ढूँढ़ा है, अब उसे सँवारना है

कोशिश भी ये है और कशिश भी ये है

अब नया करने की खलिश भी है

मैं कौन हूँ और क्या हूँ मैं,

अब इसका चलचित्र बन गया है

एक नई दृष्टि हो, तिन पर ही सृष्टि हो

तय समय की सीमा हो और कर्मों से बीमा हो

अब फ़ोकस में शिफ्ट हो और लाइफ़ में लिफ्ट हो

आओ संवाद करें कुछ तो अब बात करें

बाहरी हो या आंतरिक हो पर ये सामरिक हो

फिर आज जीवन मंत्र मिल गया है

हनुमंत को अब जामवंत मिल गया है।

गाड़ी

कार है तो साकार है
सपने घूमने के
प्रकृति के मजे के
हित की पूर्ति के
रिश्तों की क्षति-पूर्ति के
सन रूफ़ को खोलकर
हा-हा-ही-ही बोलकर
बच्चे कौतुहल करते हैं
सच में, मजे करते हैं
बगल की सीट पर धर्मपत्नी
अनुभूति जैसे सजना और सजनी
शॉपिंग को जाते हैं
सुखद अनुभव पाते हैं
मन में आया, सामान लिए
कार में बैठे, निकल लिए
लॉन्ग ड्राइव पर जाते हैं
रीचार्ज हो आते हैं
बहुत सुखद अवसर होता है
छोटा सा ये घर होता है
अब जिंदगी की जरूरत है
और अच्छी है तो सोहरत है
कार से साकार है
सपने घूमने के।

बिहारी

हाँ, हम बिहारी हैं
और सब पर भारी हैं
काहे की चिंता है
क्यों मारा-मारी है
हमने तो जोहा है
प्रतिभा का लोहा है
राजेंद्र, वशिष्ठ और बेनीपूरी हैं
कवियों की बात करें तो दिनकर रामधारी हैं
हाँ, हम बिहारी हैं
हम सब पर भारी हैं
काहे की चिंता है
क्यों मारा-मारी है
हम तो अनोखे हैं
और सबसे चोखे हैं
आडवाणी के रथ
हमने ही रोके हैं
नई क्रांति करने को
अब हमारी बारी है
मन से तैयार हैं हम
ना कोई दुश्वारी है
हम तो बिहारी हैं
हम सब पर भारी हैं

खींचा तो खाका है
और हम ही आका हैं
दिमाग से चाचा चौधरी
हिम्मत से साबू हैं
नई ऊँचाई पाने को
तो हम बेकाबू हैं
हम तो बिहारी हैं
हम सब पर भारी हैं।

जीवन

जीवन का कैसा पड़ाव है
आया अब एक ठहराव है
क्या गलत है क्या सही है
सोचने का वक़्त नहीं है
बचपन, यौवन और बुढ़ापा
कहाँ-कहाँ पर खोया आपा
सफलता की ये सीढ़ी
क्या उसने तिकड़म से जोड़ी
नैतिकता छोड़, बना अंधा है
शव ढो रहा, हर धंधा है
हलचल से दुनिया रोयी है
स्वयं चादर तान सोयी है
और फिर माँगे क्यों सपने
कहाँ रह गए मेरे अपने
उमड़ रहा फिर एक सवाल है
जीवन क्या एक भेड़चाल है
समस्याओं से जूझे कैसे
हल इसका अब सूझे कैसे
जीवन तो एक भोग बन गया
इलाज ही अब रोग बन गया
जीवन का कैसा पड़ाव है
आया अब एक ठहराव है

है शतरंज के बिसात सी
शह भी लगे है मात सी
सफलताओं का जश्न भी
अब लगे अवसाद सा
जीवन का कैसा पड़ाव है
आया अब ठहराव है।

दौड़

आओ दौड़ते हैं
दौड़ कर हम फिट हो गए
दौड़ कर हम हिट हो गए
आओ दौड़ते हैं
नींद भी अच्छी आती है
तनाव भी दूर होता है
आओ दौड़ते हैं
शरीर प्रतिरोधक बने
मोटापे का दुश्मन बने
आओ दौड़ते हैं
दिमाग भी मजबूत बने
स्वास्थ्य का दूत बने
आओ दौड़ते हैं
पानी का सामान रखें
घुटनों का ध्यान रखें
आओ दौड़ते हैं
संतुलन का ज्ञान रखें
मन में एक शान रखें
आओ दौड़ते हैं
आरामदायक जूते रखें
कपड़े भी हल्के रखें
आओ दौड़ते हैं
थोड़ा व्यायाम करें
लगे तो आराम करें
आओ दौड़ते हैं।

जीवन की परिभाषा

जीवन क्या है
एक सपना है
सपनों के इस गाँव में
बैठे हैं हम छाँव में
जीवन क्या है
एक तनहा सफ़र है
जाने कैसे होती बसर है
जीवन क्या है
आशाओं का भ्रमर जाल है
करता नित दिन नए सवाल है
सीधे रास्ते की टेढ़ी चाल है
जीवन क्या है
एक पैमाना
जिसपर ख़ुद को है आजमाना
जीवन क्या है
कोरा कागज़ है
जिसपर हमको कुछ लिख जाना है
जीवन क्या है
एक नदी है
संग जिसके बहते जाना है
जीवन क्या है
एक कयास है
करना जीने का प्रयास है
जीवन क्या है
एक सपना है
एक सपना है।

जीवन की राह

जीवन के इस मोड़ पर
हमने तो यही सीखा है
नहीं पीछे मुड़ कर देखा है
दिल लगाकर काम करो
फल की तुम नहीं आस करो
चाहे काँटों भरी राह है
पर आगे बढ़ने की चाह है
लक्ष्य को अपने पाना है
जीवन सफल बनाना है
संग रखनी है अच्छाइयाँ
दूर करनी है बुराइयाँ
सभ्य समाज बनाना है
आगे बढ़ते जाना है
बड़े बूढ़ों का करना है आदर
सबको समझों नेक बिरादर
सबको गले लगाना है
और आगे बढ़ते जाना है
जीवन के इस मोड़ पर
हमने तो यही सीखा है
नहीं पीछे मुड़ कर देखा है।

कविता

मैंने पूछा यार से
और बड़े ही प्यार से
कहानी-कविता लिखते हो
क्या प्यार किसी से करते हो
वो फिर बोला सुनो मित्र
मेरी हालत है विचित्र
मैं तो उसपे मरता हूँ
पर कहने से डरता हूँ
की मुझको तुमसे प्यार है
और तेरा इंतज़ार है
सामने ही वो रहती है
सदा यही वो कहती है
जिस जिसने किया प्यार है
हो गया बेकार है
एक दिन की है बात
हो गयी उनसे मुलाक़ात
मैंने बोला सुनो प्रिया
याद तुम्हें करता है जिया
वो फिर बोली सुनो मियाँ
इश्क़ अगर फरमाओगे
उम्र भर पछताओगे
पर याद उसी की आती है
शब्दों में बँध जाती है
और कविता बन जाती है।

राजनीति

राजनीति की क्या परिभाषा
ना कोई नीति ना कोई भाषा
राजनीति एक ऐसा व्यायाम
जिसमें दिखते कई आयाम
साम, दंड, भेद और दाम
इसमें होते काम तमाम
राजनीति एक ऐसी माया
जिसको कोई समझ ना पाया
काम पड़े तो गले लगाया
काम हुआ तो दूर भगाया
राजनीति एक मकड़जाल है
सीधे रस्ते की टेढ़ी चाल है
जनता हो रही बेहाल है
और नेता हो रहे मालामाल है
ये एक ऐसा सब्जबाग है
चारों तरफ़ जिसके आग ही आग है
चढ़ते सूरज को करते हैं प्रणाम
ढलने वालों से क्या है काम
राजनीति में है गुण तमाम
करते दूर से ही हम प्रणाम।

नई दिल्ली

नई दिल्ली अब पुरानी हो गयी है

सभ्यता, संस्कृति अब बेमानी हो गयी है

हर एक शख़्स है शालीन

हर एक शख़्स है गुनहगार

हर किसी की अपनी कहानी हो गयी है

ना किसी से मतलब

ना फ़िक्र है किसी की

मानवता और बेचारे जैसे शब्द

बेगाने हो गये हैं

नई दिल्ली अब पुरानी हो गयी है

वो माँ है किसी की

और है बहन किसी की

वो मान है किसी की

और है अभिमान किसी की

क्या उसकी अस्मत

सामान हो गयी है

जीते जी तो अब वो

श्मशान हो गयी है

नई दिल्ली अब पुरानी हो गयी है

सभ्यता और संस्कृति अब बेमानी हो गयी है

नई दिल्ली अब पुरानी हो गयी है।

(संदर्भ : निर्भया कांड)

भटकाव

वो अपने पैरों पर खड़ा हो गया है
लगता है कि वो अब बड़ा हो गया है
सुनता नहीं है वो अब किसी की
सब कहते हैं कि चिकना घड़ा हो गया है
रंग आ रही है दोस्तों की सोहबत
झूठी प्रशंसाओं से फूल कर
ये दही बड़ा हो गया है
लगता है कि वो अब बड़ा हो गया है
गैर हाज़िरी कॉलेज से
वो पिक्चर का जाना
नहीं किसी की सुनना
सिर्फ़ अपनी सुनाना
सब कहते हैं कि
सिरफिरा हो गया है
है नागवार उसको
पैमाने पर आजमाना
प्रेमिका संग बढ़ रही पींगे
वो अब दिलबरा हो गया है
जीवन की बातें अब
मुफ्त का मशवरा हो गया है
सब कहते हैं कि
वो चिकना घड़ा हो गया है।

आदत

अच्छा है, ख़ुद में सिमट जाओ तुम
शायद, बिखरने से बच जाओ तुम
अच्छी है ये आदतें तेरी
शायद, कभी निखर जाओ तुम
सुना है कि खतरा बहुत है हमसायों का
शाम हो गई है,
जल्दी से घर जाओ तुम
उनकी अदाएँ क़ातिल बहुत हैं
उनकी जुल्फ़ों को नहीं बिखराओ तुम
अच्छा है, ख़ुद में सिमट जाओ तुम
शायद, बिखरने से बच जाओ तुम
ये दुनिया ज़ालिम बड़ी है
देखती है अलग नज़रिए से एक ही चीज़ को
हर बार इसे नहीं आजमाओ तुम
रिश्ते नाते सभी मतलबी हैं आख़िर
नहीं इसपर इतराओ तुम
होना है जो हो के रहेगा
अपना कर्म कर जाओ तुम
अच्छा है ख़ुद में सिमट जाओ तुम
शायद, बिखरने से बच जाओ तुम
माना कि है ख़ूबसूरत बहुत
पर उसके आशिक भी बहुत हैं

वो तो कभी नहीं थी तुम्हारी

व्यर्थ में क्यों पछताओ तुम

सारी दुनिया मायावी है

अपनी धुनी रमाओ तुम

रमता जोगी बहता पानी जैसे बन जाओ तुम

नहीं किसी से फिरकापरस्ती अपनी मस्ती, अलग सी हस्ती

अब फिर से बन जाओ तुम

अच्छा है ख़ुद में सिमट जाओ तुम

शायद बिखरने से बच जाओ तुम।

सर्दी

शीतलहरी की ठंडी चादर ओढ़े
कुटिल मुस्काए है ये सर्दी
हड्डी भी अब काँप गई
देखो कैसी है बेदर्दी
ओस सफ़र में बोझ बन गई
और ये हर रोज़ बन गई
कुहासे का मायाजाल तो देखो
सूरज की हड़ताल तो देखो
पारा शून्य से नीचे हो गया
पानी बर्फ़ सा, आँखें मीचे सो गया
बेमौसम की बारिश लाई सर्दी
खुजली और खारिश लाई सर्दी
हमें रजाई में देख कर
मंद-मंद मुस्कायी सर्दी
गाजर का हलवा भी लाई सर्दी
भूख भी बढ़ाई सर्दी
धरा को पीले रंग से रंगकर
मोती के दानों जैसे
ओस भी है लाई सर्दी
शीतलहरी की चादर ओढ़े
कुटिल-कुटिल मुस्काए सर्दी
आग अँगीठी हमने जोड़े

और संग कंबल भी ओढ़े
फिर भी आलस को ना छोड़े
और लाए जम्हाई सर्दी
पछुआ बयार के संग
तीखी चुभन कराए सर्दी
राजा की तो ठाट निराली
गरीबों की कौन भगाए सर्दी
शीतलहरी की चादर ओढ़े
कुटिल-कुटिल मुस्काए सर्दी
गन्ने का जूस और गुड़ की माहिया
च्यवनप्राश और मुरब्बे से भी
मेरा मेल कराए सर्दी
शीतलहरी की चादर ओढ़े
कुटिल-कुटिल मुस्काए सर्दी।

डर

मौत की बात कौन करे
अब तो जीवन से डर लगता है
वैसे तो है काफ़ी लोग कमरे में
फिर भी सूना सा घर लगता है
खुशियाँ माँगी थी चार ही उसने
गम के पाए नहीं निशान उसने
यार भी काफ़ी सारे थे, सुनो
फिर क्यों अधूरा सा सफ़र लगता है
मौत की बात कौन करे
अब तो जीवन से डर लगता है
मैंने पूछा नाराज है क्या
बड़ी तकलीफ़ों से भरा था दिल
शायद उसके घर जाने से डर लगता है
बरबाद इस तरह हुआ इश्क़ में
कि अब जिधर भी फैलाओ
उस तरफ़ दीवार से सर लगता है
हुई कुछ इस कदर रुसवा वो
की उसको मनाने को
हर दर पर, वो सर रखता है
सुना था उसने, आयी थी वो
बिगड़ती तबियत की दवाई थी वो
उसका इस तरह से आना

बेमौसम सा मंजर लगता है
सरेआम सीने पर चला गई
दर्दों का नश्तर लगता है
मौत की बात कौन करे
अब तो जीवन से डर लगता है
सजदे भी किए मैंने,
ताबीज भी बँधवाई है
काला धागा भी बाँधा है
काली बिंदी भी लगाई है
सोच रहा कुछ और भी कर लूँ
कितना खौफ का असर दिखता है
आगे पीछे सौ लोग है उसके
मुझे उजड़ा सा शहर लगता है
मेरी आँखों में छाया अँधियारा
उसकी आँखों में, नया शहर दिखता है
मौत की बात कौन करे
अब तो जीवन से डर लगता है।

मुंबई मैराथन

मुंबई मैराथन की बात निराली
अद्भुत आयोजन की छटा निराली
टाटा ग्रुप का अच्छा काम
मुंबईकर के जोश को सलाम
बड़ी संख्या में धावक आए
बड़े, बूढ़े और शावक आए
हाफ के संग फुल मैराथन था
काफ़ी लोगों के लिए ड्रीम रन था
5 बजे ये दौड़ शुरू हुई
फिर आगे बढ़ने की होड़ शुरू हुई
सीएसटी से बांद्रा दौड़े
कई माइलस्टोन पीछे छोड़े
फ्यूज़ ने ऊर्जा इनफ्यूज़ कराया
फास्ट एंड अप ने हाईड्रेट कराया
बिसलेरी भी पानी लाया
और धावकों को ये मन भाया
बांद्रा में फिर यू टर्न ले लिया
पूरा करने का भी प्रण ले लिया
बांद्रा से अब वरली आए
लोगों ने भी हौंसले बढ़ाए
बच्चे, बूढ़े और माताएँ
सभी रहे थे ताली बजाए

वरली से फिर सीएसटी आए
और बिना दिए जीएसटी आए
माना ऊर्जा भरपूर नहीं अब
पर मंज़िल भी दूर नहीं अब
किलोमीटर बस मीटर रह गया
मौजे जूते अब हीटर हो गए
हिम्मत तितर बितर न होए
पूरा करने का सपना जो संजोया
फिनिश लाइन अब फिनिश हो गई
अब मुझसे तो चला नहीं जाता
मेडल कैसे ले आऊँ भ्राता
भीड़ इतनी जैसे जगराता
दोस्तों को कैसे मिल पाता
वॉलंटियर फिर पानी ले आए
बहुत शाबाशी सबसे पाए
एक नहीं दो-दो मेडल पाया
मिला रिफ्रेशमेंट बैग भी भाया
आगे बढ़ा और सेल्फी भी ली
दोस्तों के संग चैटिंग भी की
धूप में बैठ करी है मस्ती
लगे अपुन है अलग सी हस्ती
मैं ये सबको कैसे बताऊँ
इंस्टा, फेसबुक पोस्ट कर सो जाऊँ
लगे अब की बैंड बजी है
जैसे तैसे घर को जाऊँ
बिस्तर पर ढेर हो जाऊँ
ये काम तो हो गया पूरा
लिस्ट बनाओ क्या रहा अधूरा
HM, FM या फिर Ultra

अगले दौड़ की प्लानिंग शुरू है
और ट्रेनिंग की सोच शुरू है
तभी उधर से बीवी आईं
और बड़े जोर से धमकायी
वीकेंड पर है हक हमारा
भाड़ में जाय ये प्लान तुम्हारा
अभी-अभी तुम कसम ये खाओ
नहीं अब ऐसा प्लान बनाओ
उसकी बात ना जाए टाली
पूरे गुस्से में है घरवाली
बच्चों ने भी उसका साथ दिया
पूरी प्लानिंग पर पानी फेर दिया
मौका देख मैंने भी सोचा
अभी अगर जो लिया पंगा
ये सब मुझे कर देंगे नंगा
मैंने भी अब हामी भर दी
नहीं जाने की मुनादी कर दी
तीन दिन अब हो गये भाई
दिन और रात की चैन गवाई
अगली दौड़ का कैसे प्लान बनाऊँ
बीवी बच्चों को कैसे समझाऊँ
उसे देख कर आए पसीना
एक और दौड़ है अगले महीना
कौन सा अब प्लान बनाऊँ
और कैसे उसको पास कराऊँ
पहले बच्चे को समझाया
दौड़ और स्वास्थ का महत्त्व बतलाया
बड़ा अच्छा सा जुगत भिड़ाया
बीवी ने काम से माँगे पैसे

मैंने कहा फिर ऐसे कैसे
मेरा प्लान पास करो तुम
फिर पैसे की बात करो तुम
उसने अब भर दी है हामी
जेब तो मेरी ढीली हो गई
पर सिग्नल लाल से पीली हो गई
अब फिर से मैं दौड़ूँगा
अब फिर से मैं दौड़ूँगा।

ज़िंदगी

ज़िंदगी जगाती है
ज़िंदगी भगाती है
ज़िंदगी सजाती है
ज़िंदगी सँभालती है
ज़िंदगी बहलाती है
ज़िंदगी बहुरूपी है
ज़िंदगी अनुरूपी है
ज़िंदगी जुझारू है
ज़िंदगी है ज़िंदगी
करनी पड़ेगी बंदगी
'ज़िंदगी बहुत कुछ सिखाती है,'
'कभी हँसाती है तो कभी रुलाती है,'
'पर जो हर हाल में खुश रहते हैं,'
'ज़िंदगी उनके आगे सिर झुकाती है।'

पार्टी

Sunday को जो पार्टी करी
Monday demotivated हो गया
Monday को फिर जोड़ लगाया
काम करने का होड़ लगाया
Monday को panic देख कर
Tuesday terrified हो गया
Tuesday को तोड़ूँ दाँव लगाया
आव देखा ना ताव लगाया
Tuesday work का ट्रैफिक देखकर
Wednessday अब worried हो गया
Work complete अब होगा कैसे
Client कहे मीटिंग में आना
Wife कहे वेडिंग में जाना, इसकी ऐसी हालत देखकर
Thursday अब thirsty हो गया
सारे pending निपटाने को अब वो gutsy हो गया
फ़ैशन शो में जाना भी है
ऑनलाइन शॉपिंग भी बाकी
दोस्तों के संग साकी भी बाकी
Friday जब सब freeze हो गया
Saturday cool breeze हो गया
Saturday को बैठ गए हम
देखकर sunday की छुट्टी

सारे काम अब छोड़ दो प्यारे
ऐसी कोई पिला गया घुट्टी
Sunday लगे अब funday होगा
पिज़्ज़ा, बिरयानी और अंडे होगा
शाम हुई फिर याद आया
अरे कल फिर monday होगा
अरे कल फिर monday होगा
जल्दी से बदलो अब चोंगा
Sunday की पार्टी जो देखी
Monday demotivated हो गया।

साँस

ए साँस तेरी कीमत क्या है
ए साँस तेरी नेहमत क्या है
कर रहा है हर कोई दुआओं में शामिल मुझे
ए साँस तुझे जहमत क्या है
जीने भी नहीं देती चैन से
ए साँस तुमपे तोहमत क्या है
जी रहा हूँ शौक ओ शान से
ए साँस तेरी रहमत क्या है
रोते रहे हर दिन, तड़पते रहे हर रात
ए साँस तेरी कीमत क्या है
फब्ती नहीं है खुशियाँ तेरी आँखों में
ए साँस तेरी अदावत क्या है घोंसला भी छूटा, माशूका भी छूटी
ए साँस तेरी रवायत क्या है
दिल जलने की नहीं, दिल लगाने की
कोशिश लाख करी मैंने सुकून पाने की
ए साँस तेरी शफ़कत क्या है
बता ना पाया ज़िंदगी का फलसफ़ा कोई
ए साँस तेरी सदाक़त क्या है
चार क़दम के फासले पर रहा सदा मैं मंज़िल से
ए साँस बता ये मसाफत क्या है
सँभालकर रखूँ तुझे उम्र भर
ए साँस तेरी नेमत क्या है।

ख़ुद से मुलाक़ात

आओ बैठें बात करें
ख़ुद से ख़ुद की मुलाक़ात करें
कुछ तुम कहो, कुछ हम याद करें
बातें करते, दिन को अब हम रात करें
उँगली करें, चुगली करें
दिन दूनी, रातें चौगुनी करें
यादें जो धुँधली हो गई
अब उसको ताजा करें
डियर संग बीयर ले बैठें
आओ संग चीयर कर बैठें
लेनवीन और गाडा संग बैठें
मनोहर और रोहन संग बैठें
पनीर और चिकन टिक्का संग बैठें
ये देख अनिमेश भी ऐंठे
एक दूसरे की देखभाल करें
फिर ऑर्डर, ब्रुचेटा और चीज़ बॉल करें
रुको तुम सब अभी मैं आया
ये बैठक मुझको है भाया
बातों से बातें की पूरी
ऐसा था माहौल ज़रूरी
काफ़ी समय बाद मिले हम
बर्बाद नहीं आबाद मिले हम

बातों का चक्कर ये हो गया
समय पता नहीं कहाँ खो गया
घड़ी देखा तो बारह बज गए
बातों में हम यूँ उलझ गए
सपनों को साकार करें
आओ बैठें बात करें
ख़ुद से ख़ुद की मुलाक़ात करें
फिर आई बिल देने की बारी
मैंने ले ली ये जिम्मेदारी
सबने बोला ये नहीं करो तुम
मैंने बोला फिर मिलो तुम
आओ मिलकर नीचे जाएँ
अच्छी सी एक कुल्फी खाएँ
फिर बोले सबको बाय-बाय
और फिर घर को जाएँ
आओ बैठें बात करें
ख़ुद से ख़ुद की मुलाक़ात करें

सपना

सपनों में सँवर गया मैं
आज हिमालय चढ़ गया मैं
आँखें बंद थी, दरवाज़े खुले थे
नए अरमानों के नए झूले थे
संग मेरे मोहतरमा देखो
नए-नए ये अरमाँ देखो
पंख लगाकर उड़ गया मैं
सपनों में सँवर गया मैं
आज हिमालय चढ़ गया मैं
स्कूल गए बिना पढ़ गया मैं
झोली में डिग्री भर गया मैं
सूट-बूट और टाई संग
कार से दफ्तर गया मैं
ऑफ़िस पहुँच कर अकड़ गया मैं
बातों से नस्तर चल गया मैं
आज लंच पर पंच कर गया मैं
झोल प्रपंच कर गया मैं
जीते जी जैसे मर गया मैं
लोगों ने इतना कोसा जैसे
जीते जी मर गया मैं
बड़ी मुश्किल से जान बचाई
और वहाँ से छलाँग लगाई

आँख खुली तो देखा मैंने
की पलंग से गिर गया मैं
सपना था या ये हकीकत
सोच-सोच सिहर गया मैं
सपनों में सँवर गया मैं
आज हिमालय चढ़ गया मैं
अगले दिन फिर सपना देखा
सारी दुनिया अपनी देखा
जम कर जी हजूरी देखी
दुश्मन भी अब साथ मिल गए
नहीं कोई अब दूरी देखी
100 कमरों का बंगला देखा
नहीं कहीं कोई कंगला देखा
खाने में सोने की बर्फी
और हीरे का हलवा देखा
एक सुंदर सी काया को देखा
और उसका जलवा भी देखा
मेरी तो क़िस्मत ही फूट गई
जिसपर बैठा था, वो कुर्सी टूट गई
कहाँ से लाऊँ दूसरी कुर्सी
अब तो मनाऊँ मातमपुर्सी
झटके से तो फिर आँख खुल गई
ख़्वाहिश सारी पानी सी धूल गई
सपनों में सँवर गया मैं
आज हिमालय चढ़ गया मैं।

मुश्किलों में प्राण

नीम हकीम खतरे जान
बड़ी मुश्किलों से बचे हैं प्राण
आशिक़ बनने का शौक छाया
सफ़ेद पैंट और कुरता काला
और गले में दुपट्टा लहराया
बड़े प्यार से मैंने बोला हेलो
उसने बोला एक चाँटा ले लो
एक हाथ में सैंडल लेकर
फिर दी उसने भृकुटि तान
नीम हकीम खतरे जान
बड़ी मुश्किलों से बचे हैं प्राण
उसको छोड़ चौक पर पहुँचा
और बड़े ही शौक से पहुँचा
लंबी जुल्फें, कमसिन काया
ख़ुद को फिर रोक ना पाया
जानें कैसे हो गई भूल
गुलाब की जगह गोभी का फूल
मैडम जी ने बड़े गुस्से में
मेरे पीछे छोड़ दिए स्वान
नीम हकीम खतरे जान
बड़ी मुश्किल से बची है प्राण
आगे बढ़ा तो देखी जुल्फें काली

मन फिर से हो गया बवाली
मैंने तो एक सीटी मारी
घूम के देखा तो नहीं थी नारी
मेरी तो गई थी क़िस्मत मारी
मेरे तो मर गए थे घ्राण
नीम हकीम खतरे जान
बड़ी मुश्किल से बचे हैं प्राण।

होली

होली ओ होली
रंगों की गोली
लगाओ ख़ूब गुलाल
ना रखना मन में मलाल
होगा ख़ूब धमाल
बजाओ मंजीरा और झाल
छोड़ो नहीं कोई चान्स
जम के हो रेन डान्स
रंगों की पुड़िया भी खोलो
रिश्तों की पुड़िया से जोड़ो
रंगों में इतना पानी डालो
याद आए सबकी नानी,
बच्चों ने भर ली पिचकारी
और जोर से दी किलकारी
प्रेमिका संग प्रेम की बाजी
प्रेम के ही रंग में साजी
मालपुआ और गुझिया खा लो
पकोड़े, दही भी पा लो
चाहे भंग तुम कितना भी ले लो
लेकिन रंग में भंग ना डालो
होली जम कर ख़ूब मना लो
पर ये बात कभी ना भूलो

बड़े बूढ़ों के पैर भी छू लो
उनका आशीर्वाद भी ले लो
होली रे होली
रंगों की डोली
लगाओ ख़ूब गुलाल
ना रखो मन में मलाल
सबसे मिलकर प्रेम जगा लो
और दिलों के दाग़ मिटा लो
एक अच्छा सा फाग भी गा लो
होली जम कर ख़ूब मना लो
होली ओ होली
रंगों की डोली
ना रखो कोई मलाल
लगाओ ख़ूब गुलाल

चिट्ठी

तेरी हाथों से लिखी वो चिट्ठी
यादें जैसे खट्टी-मीठी
भावनाओं का समन्दर है
कई राज इसके अन्दर हैं
चिट्ठी के कई रूप सुहाने
कभी पोस्टकार्ड तो कभी अंतरदेशी
बहना का प्यार ये चिट्ठी
माँ का दुलार ये चिट्ठी
पापा की सलाह ये चिट्ठी
दादू सा दरियादिल चिट्ठी
दादी सी ये पागल चिट्ठी
भैया की सलाह है चिट्ठी
परिवार का विश्वास है चिट्ठी
रिश्तों का ये मित्र है चिट्ठी
जीवन का तो चित्र है चिट्ठी
प्रियतमा का दीदार है चिट्ठी
बॉस की फटकार है चिट्ठी
जीवन को देती आकार है चिट्ठी
सपनों का त्योहार है चिट्ठी
यादों जड़ी किताब है चिट्ठी
काँटों भरी गुलाब है चिट्ठी
एक भला रुआब है चिट्ठी

और लगे महताब है चिट्ठी
गुरु की सबाब है चिट्ठी
एक सोना सा ख़्वाब है चिट्ठी
विरह में अजाब है चिट्ठी
चाहें जितनी बार पढ़ो
हर बार लगे शादाब है चिट्ठी
हर बार लगे शादाब है चिट्ठी

ज़रूरतमंद

बच्चे खुशी से चिल्लाने लगे
भैया-दीदी आ गए,
भैया-दीदी आ गए
बड़े गौर से हमने देखा
प्यार का असली मतलब सीखा
गाड़ी आई, सवारी आई
इनके लिए कुछ भोजन लाई
मन में एक सवाल आया
मन्नत हुई होगी पूरी
ऐसा एक ख़याल आया
उन्होंने हमें बुलाया
और हाथ में पकड़ाया
बोला तुम भी मदद करो
खाना इनके थाली में धरो
बड़े झिझक कर मैंने पूछा
जब मुझे कुछ और न सूझा
बोले सालगिरह है हमारी
इनके संग पार्टी करने को
हमने की पूरी तैयारी
ज़रूरतमंदों को कुछ देकर
और उनसे दुआएँ लेकर
हम पाते ख़ुद को बलिहारी

खुशी का मौका कोई भी हो
हमारी तो इनसे है यारी
इनको भी क्या चाहिए हमसे
दो रोटी और थोड़ी तरकारी
फिर से मन में बात ये आई
देख इनके हालत, ये आई
बड़ा आयोजन क्यों नहीं है
बड़े को निमंत्रण क्यों नहीं है
आपका जलवा भी चलेगा
सामाजिक रुतबा भी बढ़ेगा
फिर उसने ये बात बताई
और प्यार से हमें समझाई
दिखावे में विश्वास नहीं हैं
भोजन का सदुपयोग नहीं हैं
ख़ुद को बड़ा दिखाने का
ऐसा कोई शौक नहीं हैं
दो रोटी पाने को
तन की भूख मिटाने को
कितने लोग रो जाते हैं
कभी भूखे पेट सो जाते हैं
अगर बड़ा बनना है तो
दिल से तुम बड़े बन जाओ
ज़रूरतमंदों के लिए खड़े हो जाओ
अमीर गरीब की खाई को
इस अंतर की भरपाई को
चंद क़दम तुम भी बढ़ाओ
चंद क़दम तुम भी बढ़ाओ।

कैसी होली आई है

चेहरा भी अब रंग गया है
गलियाँ भी अब रंग गई है
फर्श और दीवारें भी रंगी
खेत और खलिहान भी रंगे
किसान और जवान भी रंगे
शहर और गाँव भी रंगे
पर एक बात समझ ना आई है
मन में अभी भी तन्हाई है
मन में अभी भी तन्हाई है
ऐसी होली क्यों आई है
ऐसी होली क्यों आई है
शिरीश और सृष्टि भी रंग गए
सन्मार्ग और शिवांश भी रंग गए
शिव्या और भी रंग गए
पापा की कहाँ भरपाई है
मन में अभी भी तन्हाई है
ऐसी होली क्यों आई है
ऐसी होली क्यों आई है
होली का रंग जब उतरेगा
भंग का संग जब छूटेगा
सारे रस्म भस्म हो जायेंगे
इक नई हकीकत झाँकेगी

विस्मय से, विचलित होकर
नई-नई तस्वीरों में
एक दूसरे को ताकेगा
मन ने मुझसे फिर इक बार
वही सवाल दोहराया है
जीवन की इन तस्वीरों में
पापा, अब कहाँ भाई है
मन में अब भी तन्हाई है
ये कैसी होली आई है
ये कैसी होली आई है
किसके चरण स्पर्श करूँ
किसके गाल गुलाल करूँ
किससे आशीर्वाद, मैं लूँ
किस-किस बात का मलाल करूँ
हृदय में एक अजीब सी
लहर क्रंदन की छाई है
पापा की कहाँ भरपाई है
मन में अभी भी तन्हाई है
मन में अभी भी तन्हाई है
ये कैसी होली आई है
ये कैसी होली आई है
शिवांश भी अब पूछ रहा है
उलझनों से जूझ रहा है
दादू आते क्यों नहीं है
रंग लगाते क्यों नहीं है
शब्द भी मेरे पास नहीं है
गोल-गोल बातों से अपनी
बहला पाऊँ जो उसको
ऐसा अब विश्वास नहीं है

कैसी परिस्थिति आई है
पापा की कहाँ भरपाई है
मन में अभी भी तन्हाई है
कैसी होली ये आई है
कैसी होली ये आई है
बहुत कुछ टटोल रहा हूँ
मन ही मन अब बोल रहा हूँ
पापा तो संग नहीं रहे
लेकिन सदा है संग उनकी परछाई

सदा संग उनकी परछाई है
ये कैसी होली आई है।

सुप्रभात

बस सुप्रभात ही कहना था
बस सुप्रभात ही करना था
बस ईश्वर को याद ही करना था
बस ईश्वर की बात ही करना था
उम्र के इस पड़ाव में
जीवन के उतार चढ़ाव में
बस सुख की बात कहना था
बस सुख ही सुख करना था
बस दोष नहीं कुछ देखना था
बस संतोष से ही रहना था
बस अच्छा मनुष्य ही बनना था
बस अच्छा मनुष्य ही रहना था।

झकास

जीवन में हो कितना भी त्रास
फिर भी जीता हूँ मैं झकास
ज़िंदगी नहीं लेने देती है श्वास
फिर भी जीता हूँ बिंदास
चाहें जितनी भी हो बीमारी
जीवन जीने की पूरी तैयारी
नहीं आँकता ख़ुद को कमतर
तभी बनाया जीवन बेहतर
जीवन में है कितने रोग
पर मज़े से कर रहा हूँ योग
सोशल मीडिया हद तक अच्छा
पर खोल देता है कच्चा चिट्ठा
सीमित इसका प्रयोग करता हूँ
इस आदत पर गर्व करता हूँ
गर मोबाइल की लग गई लत
बिगड़ जायेगी मानसिक सेहत
ख़ुद को ख़ुद संग डेट करूँ
अच्छा खाऊँ, अच्छा पहनूँ
जीवन को सेलिब्रेट करूँ
शौक को देता हूँ नई दृष्टि
फिर मिलती भावनात्मक संतुष्टि
जीवन में है कितना त्रास

फिर भी जीता हूँ मैं झकास
दूसरों की मदद की भर लूँ साँस
और बनाता मैं रिश्ते ख़ास
फिर पाता एक नया विश्वास
संग परिपूर्णता और खुशी का अहसास
जीवन का एक लक्ष्य है ख़ास
और उसे पाने का पूर्ण प्रयास
सफलता और असफलता एक समान
और दोनों पर है मानसिक कमान
सकारात्मक बातों पर रखता हूँ फोकस
बाकी सारी बातें हैं बोगस
जो कहता हूँ वो ही करता
हरदम सीख कर आगे बढ़ता
रात को लेता अच्छी नींद
जैसे बेफ़िक्र के मानिंद
दूर भगाता हूँ लफड़ा बखेड़ा
नया सूरज संग नया सवेरा
जब करता ऐसा अभ्यास
जीवन बन जाता है ख़ास
फिर चाहे हो कितना भी त्रास
जीवन जीता मैं मस्त झकास।

धीरज

सीमाओं से परे
आशाओं से भरे
इतना धीरज कैसे धरें
आश ना छूटे
विश्वास ना टूटे
कैसे इतना धैर्य जुटे
कहा था तुमने
माना था हमने
पर नयनों की नीर
कर देती है गंभीर
मचलता है तन
विचलता है मन
तुमसे मिलने को
हो रहा अधीर
सीमाओं से परे
आशाओं से भरे
इतना धीरज कैसे धरें
अतीत को झाँकू
तेरे चेहरे को ताकूँ
तू ही मेरी आरजू
तू ही मेरी जुस्तजू
उस पार है तू

इस पार हूँ मैं
जानें कैसी है जंजीर
टूट रहा है सब्र
छूट रहा है धीर
अजीब सा ये द्वंद्व है
लब पर शब्द भी चंद है
विचरते रहे, बिछड़ते रहे
रेल की पटरी के जैसे
फासला रख गुजरते रहे
फिर चंद क़दमों पर हम मिले
फिर चंद क़दमों पर मिली जुदाई
फिर मिलन की आस पर
और दिन या रात पर
तेरी इन मादक जुल्फ़ों से
हो गई मेरी रिहाई
मन को अब चंगुल में कैसे करें
सीमाओं से परे
आशाओं से भरे
इतना धीरज कैसे धरें।

क्या इरादा है

कहो क्या इरादा है
सब्जी में कम लेकिन
रिश्तों में नमक ज़्यादा है
मिला जो इतनी मन्नत के बाद
वो बालम तो सीधा-साधा है
कहो क्या इरादा है
कपड़े भी धोता है
फिर भी नहीं रोता है
पोंछा भी करता है
तुमसे भी डरता है
शरीर से भले हो बाहुबली
लेकिन असली में प्यादा है
कहो क्या इरादा है
सब्जी में कम लेकिन
रिश्तों में नमक ज़्यादा है
आज ही आए थे वो
फिर से मन भाए थे वो
फिर किसी ने बोला
चेहरे भले मर्द हो सही
जुल्फ़ों में दिखता मादा है
पहले रहता है सादा
आज कल फ़ैशन ज़्यादा है
कहो क्या इरादा है

कल की ही है बात
बड़े अदब से सारी रात
ख़ूब करी थी हँसी-ठिठोली
शब्दों में मिश्री थी घोली
उसने पहना धोती कुर्ता
और मैंने चनिया चोली
फिर उसने समझाया
भँवरा फूल पर क्यों मदमाता है
कहो क्या इरादा है
सालगिरह का दिन जो आया
प्यारा सा वो तोहफा लाया
मेरे लिए तो गाने भी गाए
हमने तो फिर केक भी काटा
और सारी जनता में बाँटा
कुटिल-कुटिल फिर वो मुस्काता है
कहो क्या इरादा है
मैं तो बनी परियों की रानी
उसकी मनमोहक सी कहानी
और कभी गुस्सा हो जाऊँ
तो मुझे पिक्चर दिखाता है
जीवन में आगे बढ़ने का
सलीका सिखलाता है
कहो क्या इरादा है
जीवन में जो मुश्किल आए
उसका हल चुटकी में लाए
एक बार जब मुश्किल आई
खेती वाला हल ले आया है
इसको ऐसे हैं चलाते
मुझे सिखाता है
मेरी वो पूजा करता

गुलाब की माला पहनाता है
कहो क्या इरादा है
सब्ज़ी में भले हो कम
रिश्तों में नमक ज़्यादा है
एक बार की है बात
खाना-खाने का हुआ संवाद
हर गली हर मोड़ ढूँढ़ कर
बिरयानी खिलाता है
बिरयानी जब खत्म हुई फिर
गुझिया भी लाता है
बहुत देर से समझ फिर आया
मेरा वजन क्यों बढ़ जाता है
कहो क्या इरादा है
पत्नीव्रता हो गया है
सारी दुनिया को ये बताता है
ससुराल से लेकर पीहर तक
आजकल ये चर्चा ज़्यादा है
आमदनी तो है ही कम
फिर भी खर्चा ज़्यादा है
मेरी बहना ने कंगना पहना
खोज करी तो पता चला
ये भी उसे पति दिलाता है
कहो क्या इरादा है
मेरे संग मेरी ही सौतन
क्यों लाने पर आमादा है
अकल गई क्या घास चरने
क्यों लगा इधर-उधर विचरने
मामला हो रहा संजीदा है
कहो क्या इरादा है
कहो क्या इरादा है।

हाँ जी

हाँ जी, हाँ जी पापा जी
बंद करो ये स्यापा जी
मेरे को है चीला खाना
तुमको क्या खाना पिज़्ज़ा जी
हाँ जी, हाँ जी पापा जी
फल तो मुझको नहीं भाता
फिर आप घर क्यों है लाता
क्योंकर मैं वो काम करूँ
जिसके लिए मैं नहीं राजी
हाँ जी, हाँ जी पापा जी
बंद करो ये स्यापा जी
शॉपिंग तो है मुझको भाता
फिर मैं मॉल क्यों नहीं जाता
इधर-उधर की बाते छोड़ो
मैं राजी तो तुम भी हो राजी
हाँ जी, हाँ जी पापा जी
बंद करो ये स्यापा जी
स्पाइडरमैन तो मुझको प्यारा
पा-पेट्रोल पर दिल हूँ हारा
अच्छी सी जींस दिला दो
लाल रंग की टोपी भी साजी
ये सब अब मुझको चाहिए

जान की लग गई है बाजी
हाँ जी, हाँ जी पापा जी
बंद करो ये स्यापा जी
कान खोल कर तुम ये सुन लो
भैया और मुझमें तुम चुन लो
वो मुझको परेशान है करता
और दिन भर लड़ता रहता
अपना तो कुछ भी नहीं देता
मेरा सब कुछ है ले लेता
अब जब कुछ भी लाओ तुम
वो हर चीज़ दो-दो लाना जी
हाँ जी, हाँ जी पापा जी
बंद करो ये स्यापा जी
मुझको अच्छे जूते चाहिए
नहीं हों जिसमे फीते चाहिए
एक प्यारा सा क्रॉकस भी लेना
एक अच्छी सैंडल भी ला दो जी
हाँ जी, हाँ जी पापा जी
बंद करो ये स्यापा जी
सुनो मुझे किडज़ेनिया जाना
और टाईम ज़ोन भी जाना
मस्ती का है असली ख़जाना
नहीं चलेगा कोई बहाना
चुप-चाप हो जाओ राजी
हाँ जी, हाँ जी पापा जी
बंद करो ये स्यापा जी
ये कार की चाभी ले लो
और ये पानी की बोतल भी ले लो
बाकी जो कुछ भी चाहिए

तुम अब वो सब टोटल ले लो
चुप चाप से क़दम बढ़ाओ
लिफ्ट का तुम बटन दबाओ
साथ मेरा है निभाना जी
हाँ जी, हाँ जी पापा जी
बंद करो ये स्यापा जी।

मौसम

पतंगें उड़ाने का मौसम आ गया है
आज फिर दिल लगाने का मौसम आ गया है
बदलते रहे हर बार वो अपने मिजाज़ को
अब हवा के रुख़ को आजमाने का मौसम आ गया है
इठलाती है वो बहुत अपने हुस्न पर
अब इश्क़ को आजमाने का मौसम आ गया है
रंग बिरंगी बहुत है उनकी जुल्फ़े
अब इसमें भटक जाने का मौसम आ गया है
हर बार मिलें उनसे ये मुमकिन नहीं
लेकिन क़दम बढ़ाने का मौसम आ गया है
उड़ रहा है कोई बड़ी ऊँचाई पर
उनको हाल ए दिल पहुँचाने का मौसम आ गया है
वो इतरा रहीं हैं कुछ इस तरह
नयनों से पेंच लड़ाने का मौसम आ गया है
वो देखती है नज़ारे कनखियों से
अब चरखे चलाने का मौसम आ गया है
ये उनका परदा बादलों के माफ़िक़
अब आसमान को छूने का मौसम आ गया है

है बहुत सादगी का उनका तरीका
अब रंग जमाने का मौसम आ गया है
है तरकश में उनके कई तीर लेकिन

अब इश्क़ का माँझा चढ़ाने का मौसम आ गया है

बलखाती हुई उनकी अदाएँ है क़ातिल

अब फिर कटने कटाने का मौसम आ गया है

आता ख़ूब है उनको ख़ुद को सँभालना

अब हमको भटक जाने का मौसम आ गया है

वो उड़ रही थीं अपने आप ही

अब अपनी डोर थमाने का मौसम आ गया है

अपनी हार में हो जीत उनकी शायद

उनकी जीत में ही प्रीत हो शायद

ये सोच कट जाने का मौसम आ गया है

उनके रंग में ढल जाने का मौसम आ गया है

ज़िंदगी

भटक रही थी ज़िंदगी दर-बदर
ये क्या कर लिया मैंने
उबले जो ज़रा चाय के माफ़िक़
रंग ही बदल लिया मैंने
सोचा था सँवारूँगा ज़िंदगी को इश्क़ के माफ़िक़
फिर क्यों एक बड दो लीफ की तरह
हौसलों को चटक दिया मैंने
मज़ा तो तब होता जब परवान चढ़ती ज़िंदगी
अपनी ही दो उँगलियों से
क्यों ज़मीं पर पटक दिया मैंने
कुछ दिन इस शहर, कुछ रात उस शहर
हर बात पर क्यों घर बदल दिया मैंने
हमें लगा था कि लोग ख़रीद लेंगे मुझको
ये सोच कर अपनी कीमत बदल दिया मैंने
ऊँचाई पर होने से है, अनमोल होते होंगे
ये सोच कर एक और छत जोर लिया मैंने
गिरा जब जोर से टूटी हड्डी मेरी
ऊँचे कद के चक्कर में क़ब्र कर लिया मैंने
आदत सी लग जाए मेरी तुमको
ये सोच कर क्या गलत कर लिया मैंने
उबले जो ज़रा चाय के माफ़िक़
रंग ही बदल लिया मैंने
अस्त हो गए, पस्त हो गए

अपनी बे-लगाम ज़रूरतों के पीछे
तलब ऐसी लगी शोहरत की
कि हर मोड़ पर दोस्त बदल दिया मैंने
तौलते रहे हर बात को दौलत की तराजू पर
मुड़ कर देखा तो दिखा नहीं कोई किसी बाजू पर
अपने आप को किस तरह बदल दिया मैंने
उबले जो ज़रा चाय के माफ़िक़
रंग ही बदल लिया मैंने

मिले चंद लोगों से जायदाद की खातिर
काश मिले होते एतमाद की खातिर
रिश्तों में स्वार्थ की चीनी घोली इस तरह
उम्र भर के लिए मधुमेह कर लिया मैंने
अब तो जीना है मुश्किल बिना सहारे के
ये कैसे रास्तों से सफ़र कर लिया मैंने
उबले जो ज़रा चाय के माफ़िक़
रंग ही बदल लिया मैंने

रिश्तों में गरमाहट होगी ऐसा सोचा था मैंने
बाघ, बकरी की आहट होगी सोचा था मैंने
मीठे अहसास के चक्कर में, स्वाद कड़वा कर लिया मैंने
उबले जो ज़रा चाय के माफ़िक़
रंग ही बदल लिया मैंने

बदलेगा स्वाद जब मिलेगा दूध
शायद अब कोई लेगा मेरी सुध
यही सोच एक हमसफ़र कर लिया मैंने
जब उबली ज़िंदगी, हालातों के पतीले पर
तो अपना पाजामा ख़ुद ही गीला कर लिया मैंने
उबले जो ज़रा चाय के माफ़िक़
रंग ही बदल लिया मैंने
जब कभी मिली ज़िंदगी चौराहे पर
ना जाने क्यों रास्ता बदल लिया मैंने।

जज़्बात

क्या जवाब दूँ मैं तेरी बात का
मसला ही सारा है जज़्बात का
हो गई नाराज बिना बात के ही तुम
ये बन गया है मुद्दा सारी कायनात का
कहती हो तुम की मुझपे मरते ही नहीं
फिर कौन है ज़िम्मेदार मेरी इस हालात का
इतना कुछ किया, पर फायदा नहीं
कहती हो कि जीने का कोई कायदा नहीं
करवा के रहोगी तुम चक्कर हवालात का
क्या जवाब दूँ मैं तेरी बात का
मसला ही सारा है जज़्बात का
कहती हो की है बहुत ज़िम्मेदारियाँ तेरी
हर बार कम पड़ जाती है तैयारियाँ मेरी
खुश होती नहीं तुम कभी भी इत्तेफ़ाक से
क्यों ज़िद है फिर अच्छे सौगात की
मसला ही सारा है जज़्बात का, रूठना अगर है अंजाम हर बार का
तो फायदा ही क्या तुमसे मुलाक़ात का
ले आती हो चुन्नू को हर बार साथ में
बताओ क्या करूँ मैं इस चाँदनी रात का
मसला ही सारा है जज़्बात का
टाल जाती हो हर बार यूँ ही अनायास
फिर ज़िक्र किससे करूँ अपने हमराज का

मसला ही सारा है जज़्बात का
कहती हो कि नहीं है कुछ भी तेरे वश में
कहीं फ़िक्र तो नहीं है किसी और के ख़यालात का
मसला ही सारा है जज़्बात का
चाँद और चकोर भी अब एक हो गए
भिजवा रही हो कब सगुण अपने हाथ का
मसला ही सारा है जज़्बात का
सारे शहर में है रूतबा मेरा
फिर इंतज़ार है तुम्हें किस जमात का
मसला ही सारा है जज़्बात का

मुनियाँ की दुनिया

पापा से बोली मुनियाँ
मैंने तो ख़रीद ली है दुनिया
सुंदर सा एक सपना आया
सारी दुनिया था उसमें समाया
अजब कहानी गजब के क़िस्से
सारी दुनिया हुई अब मेरे हिस्से
बहुत जुगत मैंने है लगाई
सिर्फ़ एक सिक्का कीमत थी भाई
मेज़ खरीदी, कुर्सियाँ खरीदीं
दोस्तों के लिए खुशियाँ खरीदीं
बल्ब खरीदे और तार खरीदा
सम्मान वाला व्यवहार खरीदा
रिश्ते तो किश्तों में मिल गए
और कई पुस्तों के मिल गए
माँ-बाप का आशीर्वाद खरीदा
"नहीं हों कोई बर्बाद" खरीदा
नन्हे-मुन्हे वाला खेल खरीदा
बैठे हो सब मिलकर जिसमें
ऐसा वाला रेल खरीदा
जवानी का जोश खरीदा
"नहीं खोए कोई होश", खरीदा
दिलवालों का दिल खरीदा

हर दिल की मुश्किल खरीदा
सच्चे मित्रों वाला रूप खरीदा
नई सुबह की नई धूप खरीदा
एक रूपए में इतना सा भाई
मुझे तो दिखी नहीं महँगाई
पापा से बोली मुनियाँ
मैंने तो खरीद ली है दुनिया।

हालात

दिल ने तुम्हें आज फिर याद किया है
लगता है कि सज़ा पाने को फ़रियाद किया है
अब क्या खता हो गई हमारी
जो क़ातिलाना अदा हो गई तुम्हारी
मुझको तो तुम्हारा प्यार सच्चा लगता है
क्या तुमने किसी और को भी बर्बाद किया है
दिल ने फिर आज याद किया है
सज़ा पाने को फ़रियाद किया है
था वाक़िफ मैं तुम्हारी हरकतों से
फिर भी तुम्हें मैंने आज़ाद किया है
वैसे तो लहजे में नरमी बहुत थी
फिर जाने किसने ये आघात किया है
हवाओं ने भी पूछा
दोस्तों ने भी बोला
हुआ क्या है ऐसा जादू
जो मुद्दतों बाद तुमने बात किया है
दिल ने तुम्हें आज फिर याद किया है
सज़ा पाने को फ़रियाद किया है
नींद न आएगी अब चैन भी न आएगा
लगता नहीं है कि ख़ुद पर काबू रह पाएगा
जिस्म और रूह शायद अलग हो जाएँ
लगता है कि नया तरीका तुमने इज़ाद किया है

काली जुल्फ़ें, काला चश्मा, काली कुरती, काले नयन
चक्कर तो नहीं कोई काला जादू का
काली बदरी भी है छाई
इन मादक अदाओं से कैसा ये आघात किया है
सोच-सोच सिहर जाता हूँ
अकारण बिफर जाता हूँ
जाना था किधर, किधर जाता हूँ
नीर पोंछ कर पीर भी पूछे
किसने ये हालात किया है।

मंज़िल

मंज़िल जब बहुत दूर हो जाए
उसको पाने का सबब मशहूर हो जाए
कोशिश कभी भी हम ना छोड़ेंगे
मंज़िल चाहे कितनी भी मगरूर हो जाए
एक बात तो है कि है हम बहुत ज़िद्दी
देखते हैं कि कैसे ये चकनाचूर हो जाए
हो सकता है कि आप भी शामिल ज़रूर हो जाएँ
चुनौतियों से कौन डरता है
बाधाओं से कौन पिछड़ता है
आगे बढ़ने का नाम निडरता है
ऐसा कुछ भी नहीं की हम मज़बूर हो जाएँ
मंज़िल जब भी बहुत दूर हो जाए
उसको पाने का सबब मशहूर हो जाए
अब तक का अनुभव जब हथियार हो जाए
सही समय पर सही क़दम तैयार हो जाए
खुले दिलों से सामना करना चुनौती का
फिर मंज़िल पाने का मज़ा भरपूर हो जाए
है ज़िंदगी अधूरी, चुनौती के बिना
हो चौगुना मज़ा जब परिश्रम हो लहू से सना
नहीं इतना भी कठिन कि वो क्रूर कहलाए
मंज़िल पाने का नशा जब छा जाए
मंज़िल जब भी बहुत दूर हो जाए
उसको पाने का सबब मशहूर हो जाए।

बदनाम

तुम बहुत काम करती हो
ख़ामख़ाह मुझे बदनाम करती हो
गर है कुछ शिकायत मुझसे तो कहो
क्यों ये सब सरेआम करती हो
माना कि नहीं हूँ तेरी दोस्ती के क़ाबिल
फिर क्यों हर बार मुझे पैगाम करती हो
मैंने तो कहा ही नहीं कुछ भी
फिर क्यों अपनी नाकामियों को मेरा अंजाम कहती हो
तुमने तो ख़ुद को ही दी है सज़ा
और इसे मेरे से लिया इंतक़ाम कहती हो
खोले जब तुम्हारे इतिहास के पन्ने
कई जगह मिले सूखे हुए गन्ने
आया माथे पर शिकन भी देखो
फिर खत्म हो गया मामला तमाम कहती हो
गिन कर चार लोग हैं तुम्हारी दुनिया में
फिर किस हक़ से ख़ुद को ख़ास और हमें आम कहती हो
किसने बिठाया है तुम्हें आँखों की गद्दी पर
जो अब तुम ख़ुद को निजाम कहती हो
भटक ही रहे हो अभी भी मंज़िल की तालाश में
फिर किस बिना पर मिल गया मकाम कहती हो
मिली थी सहेली तुम्हारी कल शाम को
बता रही थी कि ज़रूरत रहती है अब बाम की

बहुत चक्कर लगाए तुमने मजारों के और धाम की
खत्म हो गए, थे कच्चे रिश्ते
जिन्हें बताती थी तुम धूम-धाम से
जब नहीं है कुछ भी तेरे बस में
तो क्यों आदतों का गुलाम कहती हो
तबीयत कुछ इस तरह बिगड़ी हुई है तेरी
की अब बुखार को भी तुम जुकाम कहती हो
सुनो आओ बैठो चंद पल मेरे साथ
ख़ूबसूरत सी होगी ये मुलाक़ात
पता नहीं तुम क्यों इसे हराम कहती हो
ख़ामख़ाह मुझे बदनाम करती हो
क्यों ये सब सरेआम करती हो।

दर्द

दर्द की दवा ही क्यों
अपनेपन का वो मरहम कहाँ गया
दर्द इतना सगा है क्यों
ज़िंदगी का वो सरगम कहाँ गया
दर्द इतना सर्द क्यों
खुशियों का वो परचम कहाँ गया
दर्द इतना सख़्त क्यों
ऊँचाइयों को छूता वो दरख़्त कहाँ गया
दर्द इतना विकराल क्यों
गहराइयों को छूता जीवन रस कहाँ गया
दर्द में इतनी थकान क्यों
जीवन का वो मुस्कान कहाँ गया
दर्द इतना ज़्यादा क्यों
इसके उस पार जाने का इरादा कहाँ गया
दर्द इतना बुरा है क्यों
ज़िंदगी का वो बूरा (मिठास) कहाँ गया
दर्द इतना नाराज क्यों
ज़िंदगी का वो साज कहाँ गया
दर्द में इतना आँसू क्यों
ज़िंदगी वो था धाँसू कहाँ गया
दर्द इतना बेवजह क्यों
जीवन जीने की वजह कहाँ गया

दर्द इतना बेहिसाब क्यों
जिंदगी का वो हिसाब कहाँ गया
दर्द का इतना लंबा बसेरा क्यों
जिंदगी का वो चहकता सवेरा कहाँ गया
दर्द इतना गहरा क्यों
जिंदगी का वो पल सुनहरा कहाँ गया।

किस लिए

छोटी सी है ज़िंदगी
दीवारें किस लिए
दिल में एक जगह है काफ़ी
महल और मीनारें किस लिए
आए थे खाली हाथ
जाना है खाली हाथ
फिर बता मेरे दोस्त
नफ़रत की दीवारें किस लिए
माना कि है तेरी शोहरत के चर्चे बहुत
फिर मुझे ज़मीं पर गिराने की हरक़त किस लिए
वैसे तो मालूम हैं सबको
हमको, तुमको और रब को
फिर बेवजह इतराने की ज़रूरत किस लिए
मिल गए जो दोस्त भूले-बिछड़े
हर मुश्किलों में जो रहे सदा खड़े
उनसे अब दो-दो हाथ लड़ाने की नसीहत किस लिए
माना कि होती है तेरी गिनती रईसों में
घूमता है महँगी कारों में
झूमता है शराबों में
खो जाता है शवाबों में
डूबे हैं रात-दिन तेरे
अजब सी तिलिस्मों में

खोखली सी करिश्मों में
महँगे सामानों से सजी इस जिस्मों में
है सैकड़ों लोग इर्द-गिर्द तुम्हारे
फिर भी तुम्हें लगती है तन्हाई किस लिए
छोटी सी है ज़िंदगी
दीवारें किस लिए
हो गया क़द तेरा इतना ऊँचा
की बौने हो गए हैं सब
कुछ ज़्यादा है अभिमान तुझे
कहता है कि तू हो गया अब रब
ये दुनिया तो फकत तीन दिन की है
मिल जाना है मिट्टी में आख़िर
फिर ये शुरूर और गुरूर किस लिए
ये जो बह रही तूफानी हवा
कर देती है हर बात रफा-दफा
रेत के टीले से फैले अकड़ को
पल भर में कर देती सफा
पता है कि ये सब रह जाएँगे यहीं पर
फिर ये झूठा अभिमान किस लिए
अब तो हसरत ही रह गई है मिलने मिलाने की
संग बैठ कर तुझसे गप्पे लड़ाने की
वो भूली बिसरी यादें ताजा कर जाने की
वो सुदामा का कृष्ण संग कहानी दोहराने की
ये रंज, ये तंज बता अब किस लिए
छोटी सी है ज़िंदगी
दीवारें किस लिए
दिल में एक जगह है काफ़ी
महल और मीनारें किस लिए।

क्या कर दिया

ए मौसम क्या कर दिया तूने
बेवक़्त एक तमाचा जड़ दिया तूने
मौसम तो भया सुहाना पर
आशाओं पर ताला जड़ दिया तूने
ए मौसम क्या कर दिया तूने
सोच–सोच सिहर जाता हूँ
अकारण बिफर जाता हूँ
जाना था किधर, किधर जाता हूँ
नीर पोंछ कर पीर भी पूछे
ये हालात कर दिया किसने
ए मौसम क्या कर दिया तूने
फ़सलों में जो छाई थी हरियाली
छटने वाली थी अमावस काली
दो जून की रोटी थी उसमें
बिटियाँ की खुशियाँ थी उसमें
अगले फ़सल की आस थी उसमें
एक नई विश्वास थी उसमें
आने वाली पूर्णिमा को फिर अमावस कर दिया तूने
ए मौसम क्या कर दिया तूने
बेवक़्त तमाचा जड़ दिया तूने
किस बात पर ख़फ़ा है हमसे
आ बोल दे, बता दे हमसे

किस-किस से मैं ये पूछूँ
सिर्फ़ तुमसे या फिर रब से
या फिर पूछूँ मैं सब से
अमीर से पूछूँ या गरीब से
हकीम से पूछूँ या रकीब से
नहीं था जब कोई गुनाह मेरा
तो फिर क्यों सज़ा दिया तूने
ए मौसम क्या कर दिया तूने
बेवक़्त तमाचा जड़ दिया तूने
बता तू इतना क्यों कठोर है
अजीब सी ज़िद पर है अड़ा तूँ
जब हम चाहें तब तुम गायब
तेरी फितरत एक अजायब
जब-जब आई तेरी ज़रूरत
पाला ही बदल लिया तूने
ए मौसम क्या कर दिया तूने
बेवक़्त तमाचा जड़ दिया तूने
हटने वाले थे निराशा के बादल
आशाओं पर ताला जड़ दिया तूने
पाला ही बदल लिया तूने
ए मौसम क्या कर दिया तूने।

बेटें

हाँ पता है हमें
की बेटियाँ होती है विदा
पर कैसी खता हो गई
कि बेटों के बारे में कुछ नहीं पता
जिम्मेदारियों के बोझ तले
वो भी ओझल हो जाते हैं
चुपके-चुपके वो भी अपने घर से जुदा हो जाते हैं
पूरे परिवार की है उसपर आँखे टिकी
हर किसी की तमन्ना पूरा करने में
ख़ुद की हर ख़्वाहिश बिकी
फटी पैंट पहन कर भी उसने दिया है तुम्हें सजा
हों हर खुशियाँ सबकी पूरी
इसलिए उसने सुख चैन की नींद को तजा
बेटी का तो त्याग दिख गया
बेटों का बलिदान नहीं दिखा
ये कैसी हो गई खता
कि बेटों के बारे में नहीं पता
ऑफिस में चाहे कितनी भी लानत सुन कर आता है
घरवालों से बात भी हो तो कुछ नहीं बताता है
बिटिया की गुड़िया भी लाया
मुन्ना की साईकिल भी लाया
बीवी की नई साड़ी लेने को

कभी वो ख़ुद भी बिक जाता है
दो पैसे जमा करने को
कई साल घर नहीं जाता है
पैरों में पड़े हैं छाले
नहीं कभी बताता है
हालात से मजबूर हुआ जो
स्वाभिमान गिरवी रख जाता है
बेटी तो एक बार विदा हुई
वो हर बार हो जाता है विदा
घर से हो जाता है जुदा
तुमको कैसे नहीं दिखा
कैसे ये हो गई खता।

रिश्ते

ज़िंदगी की ऐसी gist हो गई
ज़िंदगी भी अब list हो गई
हर चीज़ का अब test हो गया
रिश्ते अब रिश्ते नहीं invest हो गया
रिश्तों में भी vested interest हो गया
हर बात का आशय हो गया
हर बात जीत या पराजय हो गया
अकारण कोई रिश्ता रहा नहीं
बोलो गलत कह रहा हूँ या सही
जीवन में कुछ ऐसा turn हो गया
Stock Market के माफ़िक़ अब
रिश्तों का पैमाना "return" हो गया
अनायास अब कोई फ़ोन नहीं आता
गर future में premium नहीं तो
"Cut loss" से सबका जुड़ गया नाता
टूट गए वो सारे रिश्ते
इससे पहले कि मैं सँभल भी पाता
फिर बोलो मैं क्या कर जाऊँ
क्या मैं भी investor presentation बनाऊँ
मेरी ज़िंदगी कितनी क़ाबिल है
क्या अब quarterly evaluation कराऊँ
भौतिकता के इस दुनिया में

नैतिकता की आस जगाऊँ
नहीं है सब कुछ उल्टा-पुल्टा
संग रिश्ते में अच्छा है "delta"
रिश्ता बने अब गर सच्चा
P/E multiple तभी हो अच्छा
जीवन की shareholding तो देखो
गायब है रिश्तों से pledge सो देखो
Promoter stake अभी भी ज़्यादा है
Others रिश्तों से profit पर आमादा है
इसीलिए बार-बार वो बदल रहें हैं
व्यक्तिगत हितों की ख़ातिर
रिश्तों को वो निगल रहे हैं
ज़िंदगी की ऐसी gist हो गई
ज़िंदगी भी अब सिर्फ़ invest हो गई
हर कोई बनाता है profit/loss हर साल
रिश्तों से Profit हुआ तो ठीक है
Loss हुआ तो मचे बवाल
Balance sheet में अब नपती है रिश्तेदारी
Asset ya liability
कहाँ है अब जगह हमारी
जिसके पास जितना cash है
उस रिश्ते में उतना ही ऐश है
मन पर इतना बोझ बड़ा है
सिर्फ़ एक ही प्रश्न खड़ा है
रिश्ते क्यों हो रहे खंड-खंड है
क्या इसमें भी अब साम, दाम, भेद और दंड है
रिश्तों को निभाने का कौन-सा नया मापदंड है।

नई पीढ़ी

ये कैसा बदलाव आ रहा रिश्तों में
कट रही है जिंदगी किश्तों में
हमने जोड़ा था पाई-पाई
नई पीढ़ी की पसंद ईएमआई है भाई
ईंट से ईंट जोड़ कर घर बनाया
वो तो घर से पहले कार ले आया
सोचा था हम सब साथ रहेंगे
उसने बोला होली बाद मिलेंगे
हमने जब-जब भविष्य का सोचा
वर्तमान का हो गया लोचा
उसने बोला कान खोल कर सुन लो
भविष्य से पहले वर्तमान में जी लो
विदेश जाने का प्लान बना है
क्रेडिट कार्ड से भुगतान हुआ है
ख़ूब सारी तो शॉपिंग की है
क्रेडिट कार्ड संग जिंदगी जी है
कार्ड भुगतान का क्यों है रोना
प्री अप्रूव्ड पर्सनल लोन भी है ना
बैंक बोले गर पैसे नहीं भाई
तो आ जाओ ले लो ईएमआई
हमारे साथ तुम रिश्ता रख लो
बिल को तुम किश्तों में भर लो

ये कैसा बदलाव आ रहा रिश्तों में
ज़िंदगी कट रही किश्तों में
आईफ़ोन का नया मॉडल है आया
मन फिर से मचल रहा है
जोर-जोर से उछल रहा है
कैसे इसकी जुगत भिड़ाऊँ
चलो इसे भी किश्तों पर ले आऊँ
फ़ोन हो गया, कार हो गया
अब किसी हसीना से प्यार हो गया
प्यार का जो चढ़ा खुमार है
बाकी सब अब लगे बेकार है
उसके संग है डेट पर जाना
हो के उप टू डेट है जाना
लेकर उसको होटल में जाऊँ
क्रेडिट कार्ड से बिल भर आऊँ
फिर बिल भरने की बारी आई
बैंक ने दे दी फिर ईएमआई
ये कैसा बदलाव आ रहा पुश्तों में
ज़िंदगी कट रही किश्तों में।

ठहराव

पहले तो देखा था ट्रेन का रुकना आउटर पर
अब प्लेन भी आउटर पर रुका करती है
जिंदगी क्या से क्या मज़ा करती है
लगता है कई बार की असली जिंदगी भी आउटर पर रुक जाती है
खुशियों का देखा था शहर
पर जिंदगी ठहर गई, फिर से आउटर पर रुक गई
वैसे तो थे सारे गुण मुझ में
पर लॉटरी किसी और की लग गई

जिंदगी फिर से आउटर पर रुक गई
सोचता हूँ कई बार मंज़िल अब दूर नहीं
दिख तो रही है भले आउटर से सही
मिलेगी ज़रुर ये चाहे कुछ देर ही सही
पहले देखा था ट्रेनों का रुकना
फिर देखा प्लेन का भी रुकना
अब जिंदगी भी रुका करती है
हर बार मौके पर दग़ा करती है
बुन रहा था भविष्य के धागे
बना रहा था नया भविष्य
पर कहाँ चलती है सबकी, क़िस्मत के आगे
बिखर गए वो सारे सपने
पैरों तले ज़मीन खिसक सी गई है
जिंदगी फिर से आउटर पर रुक गई है

रसीदें

कट रही है रसीदें अब मंदिर में और मस्जिद में
हुआ क्या जो तू भी बैठ गया इस जिद में
पहले तो प्यार था पैमाना तेरे दीदार का
राम का, रहीम का या फिर रुख़सार का
मैं तो सोच रहा था की सब ठीक है
क्या तू कह रहा है कि है सब गर्दिश में
ये असर किसका है, रवायत तो नहीं
क्या हो गया जो अब हज़ारों हैं तेरे इर्द-गिर्द में
सुना है कि तू तो है हाजिर हर जगह
फिर क्यों रूठ गया है इस चार गज में
कहते हैं कि है तू अनमोल बहुत
फिर क्यों तौल रहा ख़ुद को चंद काग़ज में
कट रही है रसीदें अब मंदिर में और मस्जिद में
हुआ क्या जो तू भी बैठ गया इस जिद में।

जीने के तरीके

ज़िंदगी ढूँढ़ लेती है तरीके जीने के
कभी दुत्कार के तो कभी लगा सीने के
रंग भी इसके हैं बहुत,
कभी गुलाब सी तो कभी जुलाब सी
कभी इत्र के तो कभी पसीने के
ज़िंदगी ढूँढ़ लेती है तरीके जीने के
कभी गलतियों से सीखा के,
तो कभी सफलता दिला के
कभी पैसों की ताकत दिखा के
तो कभी स्वास्थ्य का महत्त्व बता के
कभी अपनों से बिछड़ कर तो
कभी अनजाने को अपना बनाके
ज़िंदगी ढूँढ़ लेती है तरीके जीने के
कभी गलतियाँ दिखा के तो
कभी गलतियाँ भुला के
तो कभी-कभी गलतियाँ कराके
कभी बेशर्म के माफ़िक़ तो कभी-कभी शरमा के
कभी इनकार तो कभी इकरार करा के
कभी भौतिक तो कभी नैतिक
कभी राजनीतिक तो कभी पारिवारिक
हर तरीके का अनुभव कराके
ज़िंदगी ढूँढ़ लेती है तरीके जीने के

अच्छे से समझाती है मतलब
कभी दिन के तो कभी महीने के
कभी ख़ुदगर्जी करने के और कभी मनमर्जी करने के
कभी आइने दिखाने के तो कभी आइने देखने के
कभी हालातों से जूझने के
कभी जज़्बातों में बह जाने के
कभी अमृत सा रस तो कभी कड़वे घूँट पीने के
ज़िंदगी ढूँढ़ लेती है तरीके जीने के।

पिता

हाँ वो पिता हैं
पीता है वो कुचले हुए अरमानों का घूँट
पहनते हैं वो टूटे हुए सपनों का हार
ओढ़ते हैं वो ख़्वाबों की फटी हुई चादर
चलते हैं वो डगमगाए हुए जीवन की राह
हाँ वो पिता हैं
जीते हैं वो जैसे जिंदा लाश
करते हैं वो लुटी हुई क़िस्मत से आस
बँधते हैं वो संग पारिवारिक मोहपाश
गटकते हैं वो खून के आँसू
खाते हैं वो दर-दर की ठोकर
चूसते हैं लोग उनका ख़ून
मार देते हैं वो अपना जुनून
लड़खड़ाती है अब उनकी जुबान
हाँ वो पिता हैं
ढोते हैं वो परिवार का बोझ
बिगड़ जाती है तंगहाली में उनकी सोच
अटक जाती है उनके दिलों की धड़कन
खटक जाती है मन में भार्या का क्रंदन
हर बार ग्लानि से हो जाती है
नतमस्तक उनकी गर्दन
कैसा है ये जीवन का बंधन
पिता हैं वो।

नोट्स